LE POÈTE
ET
LE MUSICIEN,
OU
JE CHERCHE UN SUJET;

Comédie en trois Actes et en vers, mêlée de chant;

PRÉCÉDÉE D'UN PROLOGUE EN VERS LIBRES

PAR M. EMMANUEL DUPATY;

MUSIQUE POSTHUME DE D'ALEYRAC,

Représentée pour la première fois, à Paris, sur le Théâtre impérial de l'Opéra-comique, par les comédiens ordinaires de S. M., le 30 mai 1811.

PRIX : 1 fr. 80 cent.

PARIS,

BECHET, libraire, quai des Augustins, n°. 63.

1811.

Se trouve à Paris,

Chez { Mad. MASSON, rue de l'Échelle ;
BARBA, derrière le Théâtre-Français ;
VENTE, au Théâtre de l'Opéra-Comique ;

PROLOGUE.

SCÈNE PREMIÈRE.

DAMIS (*seul, sortant d'une maison.*)

Dépêchons-nous, l'heure se passe,
Et si je tarde encor, je n'aurai point de place.
Moi d'un auteur charmant, le plus ancien ami,
Je n'entendrais pas son ouvrage !
A ce compositeur si justement chéri,
Hâtons-nous de porter notre dernier hommage.

SCÈNE II.

DAMIS, DERSON.

DAMIS.

Eh ! c'est vous je crois, cher Derson ;
Peut-être vous allez....

DERSON (*du ton le plus léger.*)

Courir nos promenades....
Nos cercles et nos jeux sont devenus maussades,
Depuis que la verte saison
Rend aux campagnes leur parure.
Je ne m'en cache pas, j'adore la nature,
Les prés, les fleurs, les bois !.... Boulevard italien
Je vais me promener.

DAMIS.

Excellente folie !

DERSON.

C'est la promenade chérie
De tout élégant Parisien.
C'est là qu'on va jouir de la saison nouvelle,
De la verdure, du beau tems;
Et qu'enfin, tout Paris à la mode fidèle,
Vient gouter chaque soir les douceurs du printems!

DAMIS.

Rien n'est mieux vu je vous assure.
Quant à moi, c'est aux champs que j'aime la nature,
Ce n'est qu'aux champs qu'elle a pour moi du prix.
Il est d'autres plaisirs réservés pour Paris,
Et je veux qu'à l'instant vous fassiez la partie
De me suivre à la comédie.

DERSON.

Aller me renfermer, quand le tems devient beau?

DAMIS.

Songez qu'à l'Opéra-comique,
On nous donne ce soir un ouvrage nouveau.

DERSON.

Nouveau comme ils sont tous! et de qui la musique?

DAMIS.

Comment vous l'ignorez? Peut-être à son portrait,
Connaîtrez-vous l'auteur, le voici trait pour trait.
Né dans la riante patrie
De nos antiques troubadours (1),
Il fut comme eux le chantre des amours,
L'amant d'Euterpe et l'ami de Thalie!

---

(1) D'Alcyrac était né à Muret, en Languedoc.

PROLOGUE.

PERSONNAGES DU PROLOGUE.

DAMIS, ancien ami de d'Aleyrac.	*M. Solié.*
DERSON, jeune élégant.	*M. Huet.*

Le Théâtre représente une place publique.

L'ouverture du Prologue est un pot-pourri composé des plus jolis airs de d'Aleyrac.

A M. DESAUNETS,

ANCIEN PROFESSEUR AU COLLÉGE DE MONTAIGU.

Ami sincère et vrai, mentor de ma jeunesse,
Modèle de science autant que de tendresse,
Toi, qui vins autrefois, par des soins délicats,
Sous le toit paternel, guider mes premiers pas!
Toi, qui sus m'expliquant Plaute, Horace et Virgile,
M'applanir du savoir la route difficile,
Et des règles du goût que tu connais si bien,
M'offrir en tes écrits plus d'un exemple utile;
Même étant fait par moi, cet ouvrage est le tien!
Il m'en souvient encor, quand ta lyre touchante
Près de moi, célébrait la vertu triomphante,
Et mon père, arrachant au fer sanglant des lois
L'innocence et l'honneur, que sa voix éloquente,
Du fatal échafaud, préserva tant de fois;
C'est toi, qui de mes yeux faisant couler les larmes,
M'appris, par tes accens pleins d'ame et de douceur,
Tout ce que l'art des vers a de grâce et de charmes
Pour captiver l'esprit et pour toucher le cœur!

Depuis, quand la fortune inconstante et légère,
Ne nous laissa pour biens, sous un autre hémisphère,
Que d'informes débris, et des champs dépouillés,
Par ta douce amitié nous fumes consolés !
Vainement nos trésors étaient réduits en poudre,
Semblable au jardinier, qui de ses bras nerveux,
Soutient le faible ormeau que renversa la foudre,
Tu redoublas pour moi tes efforts généreux !
Je conservai tes soins, en perdant l'opulence ;
Tu cultivas mon cœur, tu formas mon esprit ;
Reçois donc et mes vers, et ma reconnaissance :
Celui qui soigna l'arbre, en doit avoir le fruit !

DERSON.

Un pareil motif m'intéresse.
L'auteur bannit la vanité,
Bannissons la sévérité ;
En ami, j'irai voir sa pièce;
Mais de mille beautés l'assemblage parfait
Pourrait me rendre un peu distrait;
De trop d'attention ôtez moi la fatigue,
Racontez-moi le plan, l'intrigue;
Vous le savez, je suis discret,
Je vous promets de n'en rien dire.

DAMIS.

Alors je puis vous en instruire.
(*Sept heures sonnent.*)
Sept heures; on va commencer :
Pour entendre un ami, vîte allons nous placer.
Vers l'immortel sommet, dont il fut toujours digne,
Pour la dernière fois il va prendre son vol;
Et celui qui chanta comme le rossignol,
Va faire entendre enfin le chant du cigne !

Fin du Prologue.

PERSONNAGES.

DERNANCE, jeune poète.	*M. Elleviou.*
VALCOUR, jeune musicien.	*M. Martin.*
FLORVILLE, oncle.	*M. Chenard.*
FLORVILLE, neveu.	*M. Paul.*
ELIZA BONNEVAL, mariée secrettement à Florville, neveu.	*Mme. Belmont.*
DORMEUIL.	*M. Solié.*
LUCILE, sa fille.	*Mlle. Moreau.*
TENANT-BON, huissier.	*M. Lesage.*
Mme. JACMIN, tenant un hôtel garni.	*Mme. Desbrosses.*
UN VALET.	
RECORS.	
DOMESTIQUES.	

La Scène se passe à Paris, dans le salon commun d'un hôtel garni. Les portes à droite et à gauche sont numérotées 9 et 10.

Ce soir vous l'entendrez!.... mourant il demandait
Si l'on était content, s'il ne pourrait mieux faire !
Même au bord de sa tombe, il ne songeait qu'à plaire.
Enfin la mort ferme ses yeux,
Sa voix ne se fait plus entendre;
Et son ame remonte aux cieux,
D'où ses derniers accens, semblaient encor descendre (1)!
Ainsi jadis Anacréon,
Jusqu'au dernier moment, vit briller son génie;
Et c'est en soupirant leur dernière chanson
Qu'ils ont tous deux quitté la vie.

DERSON.

Combien vous m'attachez par ce touchant tableau !
J'irai de cet auteur voir l'ouvrage nouveau.
Sa musique plaira, j'en ai la certitude.

DAMIS.

Je ne suis pas sans crainte et sans inquiétude.

DERSON.

Rassurez-vous; il n'eut jamais que des amis.
Ses rivaux, de son cœur ont gardé la mémoire,
Un juste sentiment les a tous réunis;
C'est eux qui veilleront les premiers sur sa gloire.
Ils ont déja voulu que le marbre éloquent
Transmît les traits de son visage (2).
Ils protégeront son ouvrage.
Du public même en ce moment
Je lui garantis le suffrage.

---

(1) Ces détails offrent le récit fidèle de sa mort.

(2) Le buste en marbre que les auteurs de l'Opéra-comique, ont fait faire comme un gage de leur estime et de leur amitié pour d'ALEYRAC, a été exécuté par M. Cartelier, membre de l'Institut et de la Légion d'honneur; ce buste rappelle à-la-fois deux hommes célèbres.

Sa musique est un legs qu'il nous laisse en mourant,
Et quel que soit notre partage,
Toujours on se montre indulgent
Pour le plus modique héritage !

DAMIS.

S'il eût vécu peut-être il aurait corrigé,
Par respect, on n'a rien changé (1).

DERSON.

N'importe ; à l'ami que l'on aime,
A l'auteur qui n'est plus, on pardonne un défaut.

DAMIS.

Bien !

DERSON (*gaîment.*)

Quant à l'auteur du poëme,
Celui-là n'est pas mort....

DAMIS.

Aujourd'hui peu s'en faut.
Pour un moment prenez sa place.
Bien plus que de l'orgueil, sa crainte vient du cœur;
D'un ami s'il allait entraîner la disgrace,
Jugez un peu de sa douleur.
Ce n'est pas pour lui seul que ce soir il aspire
A fléchir la rigueur du censeur ennemi;
Et dans ce moment, s'il desire
Moissonner quelques fleurs aux doux sons de sa lyre,
C'est pour en couronner le tombeau d'un ami !

---

(1) L'exécution de la musique a été dirigée par M. *Solié*, acteur distingué, compositeur plein de goût, et dont tous les procédés comme toutes les productions, sont marqués au coin de la grâce et de la délicatesse.

Ses aimables refrains et ses touchans accords,
Ont trente ans du public excité les transports.
De chefs-d'œuvre nombreux il embellit la scène;
Parmi leurs favoris les Graces l'ont compté;
La plus douce naïveté
Brille dans tous les chants échappés de sa veine.
Toujours de la nature il surprit le secret;
Et pour finir enfin d'un seul mot son portrait,
De la musique il fut le La Fontaine!

DERSON.

Qui n'aurait reconnu d'Aleyrac à ce trait?
D'eux-mêmes ses accens restent dans la mémoire!
On les redit dans un brillant sallon,
On les répète aux champs de la victoire;
Et l'amant qui veut faire croire
A la plus tendre passion,
Trouve l'accent du cœur dans sa moindre chanson!
Ici, le Savoyard dit ses airs sur sa vielle;
L'Auvergnat sur son orgue en fait son gagne-pain;
L'ouvrier pour se mettre en train,
Les fredonne dès le matin;
Le soldat que l'honneur appelle,
Marquant le pas avec plus de gaîté,
Vole sur l'air qu'il a noté,
Vers une conquête nouvelle!
Le chansonnier toujours malin,
Par l'esprit de ses airs aiguise
Le trait piquant du gai refrain
Qu'il lance contre la sottise;
Ses airs seuls placés à propos
Dispensent de discours frivoles;
Et bien souvent pour se moquer des sots,
Sa musique vaut des paroles!

DAMIS.

Vous citez ses chansons, moi je louerai son cœur!
De sa tendre amitié j'ai connu la douceur.

Aussi bien qu'à la gloire, à la bonté fidèle,
Il fut l'ami de ceux dont il fut le modèle!
Ce qu'enfin aujourd'hui tant d'autres ne font pas,
Il approuvait tout haut, il censurait tout bas;
Et chez ses rivaux même à-la-fois on le nomme
Comme auteur excellent, et comme excellent homme!

DERSON.

Nous lui devons *Camille* et *Sargine* et *Nina*.

DAMIS.

Des pièces qu'il nous a données
Le nombre se calculera
Par le nombre de ses années!
Déja plus de cinquante fois
Il s'était élancé dans la brillante lice,
Où le dieu qui lui fut propice,
Consacra pour jamais les accens de sa voix;
Lorsque sa verve rajeunie
Par l'espérance d'obtenir
La couronne offerte au génie,
Voulut tenter de s'en saisir!
Au sein de ses travaux, la mort vint le surprendre.
A ce malheur, hélas, j'étais loin de m'attendre!

DERSON.

Mais avait-il fini?

DAMIS.

La veille il terminait!
Près de lui, l'on eût dit que la Parque attendait!
A ce moment encor, plein d'un noble délire,
Du dieu qui l'inspirait, il croit tenir la lyre!
Ses yeux étaient voilés des ombres de la mort,
Et brillaient des feux du génie;
Sa défaillante voix par un dernier effort,
Cherchait à rappeler la touchante harmonie
D'un air qu'à peine il achevait!

LE POÈTE
ET
LE MUSICIEN.

ACTE PREMIER.

SCÈNE PREMIÈRE.

FLORVILLE (*sortant du n°. 10, une lettre cachetée à la main.*)

C'est encor du cher oncle un sermon qui m'arrive !
Ouvrirai-je ? Eh ! pourquoi ? je sais de la missive
Les termes favoris : vaurien ! mauvais sujet !
Il ne m'écrit jamais sans faire mon portrait !
Si pourtant aujourd'hui par un heureux mélange
Sa lettre renfermait quelque lettre-de-change ?

PREMIER COUPLET.

Un peu d'argent compenserait
Les noms charmans dont il m'honore.
Puisse entre mes mains ce billet
Rappeler la boîte à Pandore !
Jadis de la boîte, on le sait,
Les maux sortaient en abondance ;
Mais pour en adoucir l'effet,
Les dieux dans le fond du coffret
Avaient mis du moins l'espérance.

DEUXIÈME COUPLET.

Ouvrons vite. Destin cruel !
Dans cette lettre rien encore !
Il fut plus heureux ce mortel
Qui brisa la boîte à Pandore.
Dans la boîte un trésor charmant
Des maux compensait l'abondance !
Ah ! que mon sort est différent !
Lettre d'un oncle sans argent
C'est la boîte sans l'espérance.

Il n'importe, lisons : ne donnant pas d'argent,
Peutêtre il en promet ; .... comme je fais souvent.
(*Il lit.*)

Du Mans, ce 18 mars.

« Monsieur le vaurien, vous me demandez sans cesse de « l'argent, vous n'en aurez point. Après quinze ans d'absence, « vous refusez de venir me voir au Mans ; je vais donc malgré « ma goutte, vous aller voir à Paris ; je brûle de renouveler « connaissance avec un mauvais sujet que je n'ai pas vu depuis « sa plus tendre jeunesse ; et comme le meilleur moyen de « mettre fin à vos désordres est de vous enchaîner par des nœuds « honnêtes et durables, je viens d'arrêter votre mariage avec la « pupille d'un de mes amis. Ils descendront ainsi que moi dans « votre hôtel, le jour même où vous parviendra cette lettre. Je « me réserve le plaisir de vous les nommer, et de vous les « présenter moi-même à mon arrivée. Sur-tout point de répli- « que, obéissance entière ou prompte exhédération. C'est dans « ces sentimens que je suis, mon cher neveu, votre affectionné « oncle et parrain. »

FLORVILLE.

Qu'ai-je lu ? quel projet ! m'offrir cet hyménée,
Lorsque par d'autres nœuds mon ame est enchaînée !
Mon cher oncle, un moment ; passe pour le sermon,
Je puis le recevoir, quant à la femme, non.
Pourtant si je refuse, adieu son héritage !
Il me tiendra parole ! Eh bien ! d'un esprit sage,
Ne pouvant éviter l'exhédération,
Essayons, pour le moins, d'échapper au sermon.
Qu'attendre ici d'ailleurs ? L'importune visite
Des huissiers par l'enfer déchaînés à ma suite !
Une femme qu'en vain je voudrais épouser,
Et qu'en face il faudra sans pitié refuser !
Ce diable d'homme enfin qui me cherchant querelle,
Hier, au bal masqué, pour une bagatelle,
Se gendarme, s'emporte, et veut sur le moment
Qu'on lui rende raison ! je me bats vaillamment,
Et souvent pour un rien ; mais quoiqu'un fat prétende,
Pour nous battre, attendons que l'honneur le commande !
(*Il appelle.*)
Eh ! madame Jacmin....

SCÈNE II.

FLORVILLE, Mme. JACMIN.

Mme. JACMIN (*accourant.*)

Me voilà.... cette fois,
Monsieur m'appelle enfin pour causer, je le vois.

FLORVILLE.

Non, madame, au contraire.

Mme. JACMIN.

Eh pourquoi ?

FLORVILLE.

Bonne hôtesse,
Il faut nous séparer.

Mme. JACMIN.

Quelle affaire vous presse ?

FLORVILLE.

Je vais quitter Paris....

Mme. JACMIN.

Quel départ affligeant !

FLORVILLE (*tirant une bourse.*)

Reste un mois de loyer, et voilà votre argent.

Mme. JACMIN (*refusant.*)

Avec les jeunes gens, monsieur, je sais attendre.

FLORVILLE.

Quand ils peuvent payer, le plus sage est de prendre.

Mme. JACMIN (*prenant la bourse.*)

Alors je prends.

FLORVILLE.

Et moi, je pars.

Mme. JACMIN.

Mais pour quel lieu ?

FLORVILLE.

Je ne puis rien en dire.

Mme. JACMIN.

Un mot encore !....

FLORVILLE.

Adieu !

(*A part.*)
Qu'on me cherche à présent, qu'on me demande en ville,
Je redeviens Derbon, je ne suis plus Florville.
Je laisse ici, mon nom, mon oncle et cætera,
Mon duel et mes Juifs...., les prendra qui voudra !

(*Il sort.*)

SCÈNE III.

Mme. JACMIN (*seule.*)

Le voilà donc parti ; quel homme pour se taire !
Depuis près de deux mois qu'il est mon locataire,
Jamais, pour dire un mot, l'a-t-on vu m'appeler ?
Avec moi cependant, l'on trouve à qui parler,
Et mon défaut n'est pas de garder le silence.
Mais qu'entends-je ? là-bas, un jeune homme s'avance,
Celui-là parlera, j'espère,....

SCÈNE IV.

Mme. JACMIN, DERNANCE.

DERNANCE (*entrant gaîment.*)

Pour ce soir,
Dans cet hôtel garni, madame, puis-je avoir
Un logement ?

Mme. JACMIN.

Quel prix monsieur veut-il y mettre ?

DERNANCE.

Je ne tiens point au prix : je suis homme de lettre.

Mme. JACMIN (*dédaigneusement.*)

Homme de lettre, ... on peut vous loger au second.

DERNANCE.

Pour ce titre honorable on fait peu de façon.
Je fais des vers, madame !

Mme. JACMIN (*de même.*)

Alors j'ai mon troisième.

DERNANCE (*appuyant.*)

Des opéra !

Mme. JACMIN (*vivement.*)

Pardon, j'ai juste au quatrième
Un petit logement !...

DERNANCE (*à part.*)

Mais si je lui parlais
Des mes derniers revers, de mes nombreux sifflets,
Des clameurs du parterre, enfin de ma culbute;
M'élevant par degrés en raison de ma chûte,
Et d'étage en étage allant jusqu'au grenier,
J'irais bientôt loger où finit l'escalier !
(*Haut.*)
Madame, j'ai du bien !

Mme. JACMIN (*gracieusement.*)

Revenons au troisième !

DERNANCE.

Quelques rentes !

Mme. JACMIN (*vivement.*)

Monsieur, descendons au deuxième !

DERNANCE.

Toujours argent comptant, j'ai payé mon loyer !

Mme. JACMIN (*faisant la révérence, et indiquant le n°. 10.*)

Argent comptant, monsieur, voulez vous mon premier ?

DERNANCE (*riant.*)

En vérité ?

Mme. JACMIN.

J'honore et j'aime le génie !

DERNANCE.

Lorsque l'argent le suit....

Mme. JACMIN.

Cette chambre garnie
Pourra vous recevoir ; graces au prompt départ
D'un jeune homme....

DERNANCE.

J'aurai pour voisins ?....

Mme. JACMIN.

D'une part,
Ici, numéro neuf, une belle et son père....

DERNANCE (*avec empressement.*)

On les nomme ?

Mme. JACMIN.

Dormeuil.

DERNANCE (*à part.*)

Oh ! rencontre prospère.
(*Haut.*)
Et la jeune personne ?

Mme. JACMIN.

Est fort bien !....

DERNANCE (*à part.*)

C'est charmant !

Mme. JACMIN (*à part.*)

Qu'a-t-il donc ?

DERNANCE (*haut et vivement.*)

Il suffit, je prends l'appartement.

Mme. JACMIN.

Il n'aura pas resté longtems vacant....

DERNANCE (*vivement.*)

Sur l'heure
Allez donc préparer ma nouvelle demeure.

Mme. JACMIN.

J'y vais.

DERNANCE.

Et si l'on vient pour moi, laissez monter;
Quoiqu'auteur je n'ai point d'huissier à redouter,
Dernance est mon nom.

Mme. JACMIN.

Bien! qu'ici monsieur attende
Un moment....

DERNANCE (*allant à la porte du n°. 9.*)

Volontiers....

SCÈNE V.

Les mêmes, UN VALET.

LE VALET à Mme. JACMIN.

Madame, l'on demande
S'il n'est pas dans l'hôtel un monsieur qui je croi.....
Doit s'appeler Dernance, à ce qu'on dit?.....

DERNANCE (*se retournant.*)

C'est moi!
Qui diable, a découvert déja mon nouveau gîte?

LE VALET.

C'est un monsieur qui bat des pieds, des mains, s'agite,
Chante, et paraît sortir, à ne vous cacher rien,
Des Petites-Maisons!

DERNANCE (*gaîment.*)

C'est mon musicien!
(*Au Valet.*)
Qu'il vienne.

(*Le Valet sort.*)

Mme. JACMIN (*à part.*)

Deux auteurs! quel vacarme ils vont faire

DERNANCE (*la poussant dans son appartement.*)

Mais, madame, allez donc!

(*Mme. Jacmin sort.*)

SCÈNE VI.

DERNANCE, VALCOUR.

VALCOUR (*en dehors.*)

Je suis d'une colère !.....

DERNANCE (*riant.*)

Eh ! c'est toi, cher Valcour !

VALCOUR (*entrant en colère.*)

A la fin, le voilà !
Je le retrouve donc !

DERNANCE.

Eh ! pourquoi ce bruit-là ?

VALCOUR (*vivement.*)

Comment ! je le croyais sur parole à l'ouvrage,
Et sans me prévenir, le fripon déménage !
En vain, je t'ai cherché. Forlis heureusement
T'a vu dans cet hôtel entrer en déclamant ;
Croirais-tu m'échapper ? Non, mon cher, je te jure ;
J'ai, de notre opéra, commencé l'ouverture ;
Il me faut une pièce et tu me la feras,
Ou morbleu ! nous verrons......

DERNANCE.

Quoi ! tu me poursuivras
Jusques ici ?

VALCOUR.

Partout !..... Veux-tu donc que ma verve
Dans une oisive ardeur se consume et s'énerve,
Ou se borne à briguer le stérile bravo
Qui suit une sonate ou le froid concerto ?
Désormais, nuit et jour, cramponné sur ta trace
Je veux..... Mais qui t'a fait quitter le Mont-Parnasse
Où nous logions tous deux ? Ce paisible quartier
Humblement habité par l'honnête rentier,
Où loin du vain fracas de cette immense ville,

Tu pouvais à loisir?..... Ce bruyant domicile
Te convient-il ? Crois-moi, de cette maison-ci
Sortons vîte.

DERNANCE (*le ramenant avec feu.*)

Eh, mon cher ! c'est au contraire ici
Que devrait habiter tout auteur dramatique !
Une maison garnie est un tableau magique
Où du matin au soir, vingt grotesques portraits
Viennent à nos pinceaux offrir de nouveaux traits ;
Ici, trois fois par jour, la diligence amène,
Des menteurs du Poitou, des plaideurs du Bas-Maine.
En ces lieux nous n'aurons que l'embarras du choix ;
Et c'est ainsi jadis qu'un grand maître, à-la-fois
Si mordant et si vrai dans les traits qu'il décoche,
A saisi Pourceaugnac au débarqué du coche !
Un autre but d'ailleurs m'attire en ce séjour.

VALCOUR.

Un autre but, mon cher, et lequel ?

DERNANCE.

C'est l'amour !

VALCOUR.

Quoi, l'amour ?

DERNANCE.

Oui, l'amour !

VALCOUR

Encor quelque folie !

DERNANCE.

Pourquoi donc ?

VALCOUR.

Une intrigue, une femme jolie ;
Tu prends feu sans motif et pour tout.

DERNANCE.

Pas toujours !

VALCOUR.

Non, voilà seulement la troisième en deux jours !

DERNANCE.

Il est vrai, j'en conviens, et dans chacune d'elles,
De grâces, de vertus, rencontrant des modèles,

Pour pouvoir de plus près peindre leurs sentimens,
Jusqu'ici l'on me vit à leurs genoux charmans,
Sensible avec la blonde et vif avec les brunes ;
Par amour seul des arts, homme à bonnes fortunes :
Mais cette fois, mon cher, c'est un amour réel,
Et que je puis déja garantir éternel !
Sais-tu bien que voilà près de deux jours que j'aime !
Et pourrais-tu blâmer un amour où toi même
Peut-être eus tant de part? Oui, mon cher !...

VALCOUR.

Et comment ?

DERNANCE

L'autre soir enivré dans un concert brillant,
Par une voix céleste, un accent plein de charmes.....

VALCOUR.

As-tu perdu la tête? aller rendre les armes
Pour un air !

DERNANCE (*vivement.*)

Eh, mon cher, c'était un air de toi
Qu'elle chantait si bien !

VALCOUR (*transporté.*)

Comment, un air de moi ?
Mon air en sol ?

DERNANCE.

Eh, oui !.....

VALCOUR (*avec feu.*)

Le fait alors s'explique.
L'amour marche plus vîte au son de la musique ;
A l'assaut, du soldat elle presse les pas,
Elle aide à triompher en de plus doux combats ;
Elle embrâse les cœurs, elle échauffe les têtes,
Et l'Amour, comme Mars, lui doit bien des conquêtes !
Je t'approuve...... Et l'on fut de mon air ?.....

DERNANCE.

Transporté !.....
Le lendemain, je vois cette jeune beauté
Dans l'un de nos jardins, elle suivait son père ;
Pas à pas je m'approche, et laisse avec mystère
Glisser une romance auprès d'elle.... En passant,

Elle la voit, rougit, sur le papier, son gant
Tombe à propos ; tous deux sont relevés ensemble ;
L'un par l'autre est caché, son cœur bat, sa voix tremble,
Elle part, je la suis, et je decouvre enfin
Qu'elle loge......

VALCOUR.

Ici ?

DERNANCE (*montrant le n°. 9.*)

Là !

VALCOUR.

Numéro neuf ?

DERNANCE.

Soudain,
J'accours pour terminer.....

VALCOUR.

Déja ?

DERNANCE.

Près d'une belle,
Tu sais que j'ai soumis chaque intrigue nouvelle
Aux règles d'Aristote, aux vingt-quatre heures ?

VALCOUR.

Bien !

DERNANCE.

Pour les bons dénouemens, c'est la règle, et j'y tien !

VALCOUR.

Je comprends ! mais le père ?.....

DERNANCE.

Est un excellent homme,
Un peu railleur, malin, sensé, riche, économe,
Grand ami des beaux vers, je lui lis tous les miens ;
Tu chantes !..... Moi j'épouse !

VALCOUR.

Et par ces doux liens,
Une fois enchaîné, tu ne vas plus rien faire,
Et notre pièce encore est au diable !

DERNANCE.

Au contraire !

Une fois marié l'on ne fait plus sa cour :
Plus de soin, plus d'intrigue ; on dit bon soir, bon jour
A sa femme ; on se calme au sein de son ménage,
Rien ne laisse du tems, comme le mariage !
Huit jours après, mon cher, je fais ton opéra.

VALCOUR.

Passe encor..... mais enfin qui te présentera ?

DERNANCE.

Tu verras.....

VALCOUR.

Paix. (*on entend une harpe au n°. 9.*)

DERNANCE (*vivement.*)

C'est elle !

VALCOUR.

Eh ! mais, cet air, je pense.....

DERNANCE (*gaîment.*)

C'est sur ton air nouveau qu'elle a mis ma romance !

VALCOUR.

En vérité, mon cher, ta maîtresse a du goût.

DERNANCE.

Va, va, j'étais bien sûr......

VALCOUR (*à part.*)

Mes airs plaisent partout !

LUCILE (*en dehors*).

PREMIER COUPLET.

En vain j'ai fui jusqu'à ce jour
L'amoureuse et constante flamme,
Près de toi je sens que mon ame
Pour jamais se rend à l'amour.
Eh ! comment donc ne pas se rendre,
Lorsque l'amour prend à-la-fois,
Pour me charmer, ton regard tendre,
Pour m'appeler, ta douce voix !

VALCOUR (*enchanté.*)

Ma musique m'enlève !

DERNANCE.

Il faut que je réponde.

VALCOUR.

Vois à quel point mon art aujourd'hui te seconde.
Ah ! si jamais je tiens un poëme piquant !
Approche de la porte, et prends le mouvement !

DERNANCE.

DEUXIÈME COUPLET.

Au même instant sur tous mes sens
Tu sais exercer ton empire,
Rien n'est si doux que ton sourire,
Rien n'est plus doux que tes accens.
Ah ! si l'amour daignait m'entendre,
Il m'accorderait à-la-fois,
Pour te charmer, ton regard tendre,
Pour t'appeler, ta douce voix !

VALCOUR.

Pas mal pour un poëte !

DERNANCE.

On ouvre. Oui, c'est elle !

SCÈNE VII.

Les mêmes, LUCILE.

LUCILE (*s'arrêtant sur sa porte, fait un mouvement pour rentrer.*)

Que vois-je ? Oh ciel !

DERNANCE (*allant à Lucile, lui prenant la main et l'amenant sur le devant du théâtre.*)

Daignez rester, mademoiselle,
Et recevoir l'aveu de la plus vive ardeur !
(*Il tombe à ses genoux.*)

VALCOUR (*à part.*)

Il ne perd pas de tems.

LUCILE.

Levez-vous donc, monsieur.

SCÈNE VIII.

Les mêmes, DORMEUIL.

DORMEUIL (*paraissant sur sa porte.*)

Me trompé-je ? Bravo ! j'aime fort l'attitude,
Elle est belle !

VALCOUR (*à part.*)

On voit bien qu'il en a l'habitude.

DORMEUIL (*allant à Dernance et le relevant.*)

Quoi ! même à mon aspect demeurer à genoux !

DERNANCE.

J'y suis tombé pour elle, et j'y restais pour vous !
Tout bon père a des droits aussi bien qu'une belle,
A l'aveu d'un amour délicat et fidèle.
Puissé-je en ce moment par un heureux destin
D'elle obtenir son cœur, de vous, monsieur, sa main !
Daignez la regarder ; quoique les yeux d'un père
Soient moins sûrs que les miens, vous me croirez sincère !

DORMEUIL (*raillant.*)

Monsieur, je puis vous croire, elle a quelques appas.

DERNANCE (*se relevant et allant à Lucile.*)

Vous me croyez !

DORMEUIL (*le retenant.*)

Oui, mais je ne vous connais pas.
Il me semble d'ailleurs qu'en une telle affaire
On se fait tout au moins présenter par un père.

DERNANCE.

Monsieur, je n'en ai plus.

DORMEUIL.

Alors par des parens.

DERNANCE.

Mon dernier oncle est mort.

DORMEUIL.

On a des répondans.

DERNANCE (*prenant la main de Valcour.*)

J'en ai !

DORMEUIL.

Oui, mais qui soient dignes de confiance !

VALCOUR.

De lui je puis répondre avec toute assurance.

DORMEUIL.

Soit, mais du répondant, monsieur qui répondra ?

DERNANCE (*vivement.*)

Moi ! vous pouvez compter sur ce qu'il vous dira !

VALCOUR.

Pour la fidélité c'est un jeune homme unique !

DERNANCE.

Je vous le garantis en tout point véridique,
Franc, loyal, (*à Valcour*) à ton tour, allons, prononce-toi,
Veux-tu que j'aille ici dire du bien de moi ?......
Parle ; (*à Dormeuil*) il vous apprendra qu'on me nomme Dernance,
Que j'ai des qualités, un nom, de la naissance,
Des talens : (*à Valcour.*) parle donc !

VALCOUR.

Que dirais-je de plus ?

DORMEUIL (*raillant.*)

D'autres renseignemens, monsieur, sont superflus.

DERNANCE (*allant à Lucile.*)

Ainsi ?......

DORMEUIL (*le retenant.*)

Je ne dis pas, monsieur, que je consente.

DERNANCE.

J'ai d'ailleurs quelques biens ; deux mille écus de rente.

VALCOUR (*d'un ton avantageux.*)

Sans compter certains fonds qui viendront d'autres parts !

DORMEUIL.

Vous avez un état ?

DERNANCE (*avec feu.*)
Je suis fou des beaux-arts !
VALCOUR (*de même.*)
Nous consacrons nos soins à la muse lyrique !
DERNANCE.
Je me charge des vers !
VALCOUR.
Et moi de la musique !
DORMEUIL (*raillant.*)
Ces messieurs, je le vois, sont auteurs d'opéra ?
VALCOUR.
J'en attends un de lui qui vous enchantera !
DORMEUIL.
Vous marchez donc ensemble au temple de mémoire ?
DERNANCE.
Sous le même étendard, nous cherchons la victoire !
DORMEUIL.
Et le même coursier ?......
VALCOUR.
Jusques au double mont
Nous conduira tous deux !
DERNANCE.
Comme les fils Aymon,
Dit un auteur charmant, et sur Pégase en croupe,
Gaîment, des chansonniers nous grossirons la troupe !
DORMEUIL (*raillant.*)
J'en suis fâché pour vous, mais le divin coursier
Laisse en route par fois l'un et l'autre écuyer.
VALCOUR.
Deux à deux en marchant l'on se soutient sans peine !
DORMEUIL (*raillant.*)
Deux à deux en tombant, l'un l'autre l'on s'entraîne !
(*Sérieusement.*)
Et quand le vain succès d'un frivole refrain
Semblerait vous frayer un facile chemin,

Est-ce au bruit des pipeaux qu'on arrive au Parnasse ?
Est-ce avec des chansons qu'on y marque sa place ?
Est-ce un faible opéra qui peut vous y porter ?

VALCOUR (*avec enthousiasme.*)

Sur ma partition je l'y ferai monter !

DORMEUIL.

Aux Français seulement ce vœu se réalise,
Ce n'est que là, monsieur, que l'on s'immortalise !

DERNANCE (*avec une ironie légère.*)

Cette immortalité serait un bien réel,
Mais là, souvent on meurt avant d'être immortel ;
En éternels délais un auteur s'y consume,
Et l'on vit assez mal d'un triomphe posthume ;
A l'Opéra-Comique, ... où nous tombons souvent,
Un peu moins immortel, on l'est de son vivant !
(*Avec feu.*)
C'est à tort aujourd'hui qu'une censure amère,
N'accorde aux vers chantés qu'une palme éphémère,
A l'immortalité tout beau vers a sa part ;
Les lauriers ont fleuri sous les doigts de Favard,
Et d'Euterpe, Thalie a visité la scène,
Quand elle eut pour appui Marmontel et Sédaine !
En vain le préjugé veut en sapper l'effet,
Qu'importe un opéra, pourvu qu'il soit bien fait ?
En dépit des railleurs j'y trouve encor des charmes,
Quand j'y ris de bon cœur, quand j'y verse des larmes.
La lyre d'Apollon, des chants les plus divins,
Descendit, chez Admète, aux champêtres refrains !
J'aime auprès d'un palais une simple cabane,
En quittant Raphaël je souris à l'Albane,
De pampre couronné, l'aimable Anacréon,
Sur l'airain près d'Homère a consacré son nom ;
Sans être au premier rang on peut prétendre à plaire,
La gloire quelquefois suit la simple bergère,
Au clairon le plaisir préfère un galoubet,
Et tout Paris encor se souvient de Babet !

DORMEUIL (*à Dernance.*)

Mais songez que du chant la brillante harmonie !....

VALCOUR (*avec enthousiasme.*)

Double celle d'un vers qu'enfanta le génie.
Unir à de beaux vers un chant mélodieux,

C'est deux fois emprunter le langage des dieux !
Les anciens par le chant transmettaient la pensée.

DERNANCE.

Aux carrefours d'Athène on chantait l'Odyssée !

DORMEUIL (*à Dernance.*)

Mais du succès, le chant vous ravit la moitié.

DERNANCE (*s'appuyant sur Valcour.*)

La moitié que l'on perd se donne à l'amitié !
Ensemble de la nuit on perce les ténèbres.

DORMEUIL.

Nous attendrons alors que vous soyez célèbres ;
Jusque-là, cependant, veuillez pour m'obliger,
De vos nobles travaux ne plus vous déranger.
Tournez vers des chansons toute votre espérance,
Et d'un cœur jeune encor respectez l'innocence ;
Je sais des amoureux prévenir les desseins,
Et près de moi, monsieur, tous leurs efforts sont vains.

VALCOUR (*à Dernance.*)

J'ai grand peur, cher ami, que ce père auprès d'elle,
A l'unité de tems ne te rende infidèle.

QUATUOR.

DORMEUIL (*à part.*)

Pour moi c'est une comédie,
Leur amour-propre est amusant.
Prétendre à la gloire, en faisant
Sur une intrigue mal ourdie,
Des oh ! oh ! oh ! des ah ! ah ! ah !
Voilà pourtant, messieurs, voilà
Tout ce que dit un opéra.

ENSEMBLE.

DORMEUIL.

Des oh ! oh ! oh ! des ah ! ah ! ah !
Voilà l'esprit d'un opéra.

DERNANCE.

Jamais monsieur ne sentira
Tout ce que vaut un opéra.

LUCILE.

Jamais mon père n'entendra
Tout ce que vaut un opéra.

LUCILE.

J'ai pourtant bien du goût pour l'opéra comique !

VALCOUR.

Nous y ferons du bruit.

DORMEUIL.

Tantpis pour la musique.

DERNANCE (*à Valcour.*)

Il faut chercher
A le distraire.

VALCOUR.

Je vais tâcher,
Laisse-moi faire.

(*Il entraîne Dormeuil de côté.*)

Tenez, écoutez ces ah ! ah !
Ne vont-ils pas jusqu'à votre ame ?
Observez bien qu'en tout cela
Vous n'avez point de ces ah ! ah !
Contre lesquels le goût réclame ;
Tantôt nazards, tantôt bourgeois ;
Mais des ah ! ah ! du meilleur choix
Ah ! ah ! ah ! ah ! ah ! ah ! ah ! ah !
Tenez, monsieur, tenez ceux-là
Ah ! ah ! ah ! ah ! ah ! ah ! ah ! ah !
Puis nous avons l'ah ! ah ! sensible,
Et puis voici l'ah ! ah ! terrible.

DERNANCE (*à part à Lucile.*)

Oui croyez à ma vive flamme.

LUCILE.

Ses doux accens vont à mon ame !

DORMEUIL.

Eh bien ! eh bien ! qu'entends-je là ?
Ma fille aussi fait des ah ! ah !

DERNANCE.

J'essayais de peindre ma flamme
Par le moyen de ces ah ! ah !

DORMEUIL (*à Dernance.*)

Ah ! ah !

VALCOUR (*à Dormeuil*).

Pour celui-là c'est un ah ! ah !
D'étonnement.

DERNANCE.

Oui c'est cela.

DORMEUIL (*à Dernance.*)

Monsieur l'auteur, restons-en là.
Quand le succès d'un opéra
Vous aura fait monter au sommet du Parnasse,
Nous parlerons; mais jusque là de grace,
Monsieur l'auteur restons-en là.

(*A part en s'en allant.*)

Pour moi c'est une comédie
Leur amour-propre est amusant;
Prétendre à la gloire en faisant,
Sur une intrigue mal ourdie,
Des oh! oh! oh! des ah! ah! ah!
Faites, messieurs, des opéra.

ENSEMBLE.

Oh! oh! oh! oh! ah! ah! ah! ah!
Sur-tout, messieurs, restons-en là.

VALCOUR.

Ici, monsieur verra j'espère
Qu'un amant peut devant un père
Tirer parti de ces ah! ah!
Voilà l'esprit d'un opéra.

DERNANCE.

Oh! nous n'en resterons pas là.

LUCILE.

Qu'il est fâcheux d'en rester là.

(*Dormeuil emmène Lucile.*)

DORMEUIL (*revenant.*)

De mes sages avis, sur-tout n'oubliez rien.

LUCILE (*revenant derrière son père.*)

Mon père aime les arts, ainsi travaillez bien.

(*Dormeuil la prend par la main et l'emmène.*)

DERNANCE (*à Valcour.*)

Attends-moi, je les suis.

VALCOUR (*le retenant.*)

Mais, mon cher, notre ouvrage?

DERNANCE.

Je te l'ai dit, huit jours après le mariage. (*Il sort.*)

SCÈNE IX.

VALCOUR (*seul.*)

Allons, pour son amour il me laisse encor là.
Je n'obtiendrai jamais ce maudit opéra ;
Suis-je assez malheureux ? Je n'attends qu'une pièce,
Et comme un fou moi-même, il faut que je m'adresse
A l'auteur le plus fou, le plus capricieux,
Et pour comble de maux qu'il devienne amoureux !
Mais il faudra morbleu malgré lui qu'il travaille.
Et ce père à son tour qui se moque, nous raille,
(*Avec feu.*)
Et se rit sans pitié d'un art qui dans les cieux,
Plaça plus d'un mortel au rang même des dieux ;
D'un art qui sut jadis, fléchir jusqu'à Cerbère !
Souvent un petit air a calmé le parterre ;
Mais il ne faut chanter, dit un auteur d'esprit,
Que ce qui ne vaut pas la peine d'être dit.
En vain l'on nous poursuit d'un refrain satyrique ;
Eh ! messieurs les censeurs de l'opéra comique :

AIR :

Plus de respect et plus d'égards,
Pour le plus révéré, pour le premier des arts.
« Les vers sont enfans de la lyre, »
« Il faut les chanter, non les lire. »
Cet art divin par les plus doux accens
Fait briller jusqu'aux mots qui n'offrent aucun sens ;
Par nos roulades cadencées
Plaisir, ardeur,
Soupir, bonheur,
Deviennent presque des pensées !
Je forme d'agréables sons
Et modulant avec adresse,
Je fais passer par tous les tons,
Et la fureur et la tendresse.
Quelquefois je prête aux amans
Qui brûlent d'une ardeur fidelle,
Les accens tendres et touchans
De la plaintive tourterelle !
Tantôt j'imite en mes accords brillans
Le rossignol qui célèbre sa belle.

Tour-à-tour dans mon vol léger,
Je sais bravant le sort d'Icare,
Chercher les dieux avec Pindare,
Suivre avec Théocrite un amoureux berger.
Dieu de la lyre,
Que ton délire
Toujours m'inspire.
C'est par le charme des beaux airs
Que Mars a gagné des batailles,
Qu'Amphion bâtit des murailles,
Et qu'Apollon lui-même embellit les beaux vers !

SCÈNE X.

DERNANCE, VALCOUR.

DERNANCE (*revenant avec humeur.*)

Non, jamais on ne fut contre nous plus caustique.

VALCOUR (*riant.*)

Ce père assurément n'aime pas la musique.

DERNANCE.

Eh bien ! d'un double arrêt faisons-le revenir.
Je veux, aux vers chantés, le forcer d'applaudir.
Imaginons un plan ; traçons un caractère ;
De nos scènes rendons la marche régulière.
Par un style animé, vif, correct, élégant,
Remplissons l'intervalle où disparaît le chant ;
Et loin des canevas que produit l'Italie,
Sachons d'un opéra faire une comédie
Où d'un chant pur et doux le tour harmonieux,
Donnant à la pensée un éclat plus heureux,
N'empêche pourtant pas qu'on y suive la trace
Des règles d'Aristote et du bon goût d'Horace !

VALCOUR.

Essayons ce prodige.

DERNANCE.

Oui, je le tenterai,
Si je n'y réussis, du moins je l'essaierai !

VALCOUR (*avec feu.*)

Les railleurs tiendront-ils à de telles merveilles ?

DERNANCE.

J'attache leur esprit!

VALCOUR.

J'enchante leurs oreilles!

DERNANCE.

Pour amener à bien un si noble projet,
Il ne faut plus....

VALCOUR.

Quoi donc?

DERNANCE.

Que trouver un sujet,
Un caractère neuf.

VALCOUR.

Il en est encor mille!

DERNANCE.

Donne m'en donc un seul.

VALCOUR.

Rien n'est aussi facile.
Imagine un joueur, qui, par un noble trait,
De sa belle va mettre en gage le portrait.

DERNANCE.

Eh! mon cher! c'est Régnard!

VALCOUR.

Tu me fermes la bouche!....
Peins un grondeur!

DERNANCE.

Bruéis!

VALCOUR.

Un glorieux!

DERNANCE.

Destouche!

VALCOUR.

Nos médecins.

DERNANCE.

Molière a beau les assaillir,
Il ne les guérit pas de ne pas nous guérir!
En vain l'on a glosé sur leur funèbre office.

VALCOUR (*gaîment.*)

Il faut pour être neuf, en peindre un qui guérisse !

DERNANCE.

Mais à l'invraisemblance à l'instant on crierait.

VALCOUR.

Nos Crésus.....

DERNANCE.

Pour miroir n'ont-ils pas Turcaret !

VALCOUR.

Peins de nos procureurs l'avidité connue !

DERNANCE.

Boursault les peignit tous sous le nom de Sang-sue.

VALCOUR (*gaîment.*)

Fais un drame !

DERNANCE.

As-tu lu, mon cher, sur le rideau,
Le vers du Victorin : *Castigat ridendo !*

VALCOUR.

Prends alors la satyre.

DERNANCE.

Oui, mais de quelle estime
S'entoure un tel écrit ? Dans sa gloire anonyme,
De sa honte orgueilleux, l'auteur n'obtient pour prix
D'un succès passager, qu'un éternel mépris.
Et ma muse aujourd'hui veut pour être immortelle,
Un ouvrage comique et non pas un libelle.

VALCOUR.

Brille au champ de l'intrigue et suis-en les détours ;
Paris te fournira vingt sujets tous les jours !

DERNANCE.

Soit ; mais là comme ailleurs, toujours sur votre trace,
Beaumarchais à la main, un censeur vous pourchasse ;
Dans tout fripon rusé signale un Figaro,
Et dans chaque tuteur nous montre un Bartholo.
Tout caractère est fait, toute intrigue connue,
Tout ressort découvert, toute scène prévue....
Enfin, j'ai beau chercher, par la plus dure loi
Tout ce que j'imagine on l'a fait avant moi ;

Je crois trouver du neuf, et partout mon génie
Fier d'avoir inventé, n'a fait qu'une copie!

VALCOUR.

Le ciel pour réparer ce dénuement total,
Te laisse au moins à peindre un franc original.
Il faut te mettre en scène!....

DERNANCE (*avec feu.*)

Et la Métromanie!
Je t'y mettrais plutôt.

VALCOUR.

Et la Mélomanie!

DERNANCE.

Que nous reste-t-il donc, puisque nos deux portraits
Même avant nous, mon cher, ont été si bien faits!

D U O.

DERNANCE *et* VALCOUR.

Toi dont les chants sont immortels;
Toi dont le Pinde encense les autels,
Dieu des beaux {vers / airs} ma voix t'implore;
Sers et la gloire et les amours,
Descends des cieux, et viens encore
Nous prêter un heureux secours.

VALCOUR.

Donne-nous un sujet qui prête à la musique,
Riche en effets, riche en tableaux!
Des fleurs, des bois et des ruisseaux!
J'aime à peindre en mes chants, le murmure des eaux.

DERNANCE.

Je voudrais un sujet qui prêtât au comique.
Riche en effets, riche en bons mots,
En traits malins, en doux propos,
Et qui pour plaire à tous, fît rire jusqu'aux sots.

ENSEMBLE.

Mon cher, que faire?
Je désespère.
Que trouves-tu de bien?
Rien, rien.

Dieu des beaux {vers / airs}, ma voix t'implore, etc.

(*Sur la ritournelle, Eliza paraît dans le fond voilée.*)

SCÈNE XI.

Les mêmes, ELIZA.

DERNANCE (*appercevant Eliza.*)

Eh! mon ami! que vois-je? Une femme voilée!

VALCOUR.

Sa démarche est timide, elle paraît troublée!

ELIZA (*voilée, allant à l'appartement que Florville neveu a quitté, et qu'on a donné à Dernance.*)

C'est ici, m'a-t-on dit!..... Que mon cœur est ému!

DERNANCE (*à Valcour.*)

Mais elle va chez moi. (*A Eliza.*) Madame.....

VALCOUR (*bas.*)

Que fais-tu?

ELIZA (*à Dernance.*)

Pardon; n'est-ce pas là, monsieur, le domicile.....

DERNANCE.

C'est le mien.

ELIZA.

Quoi! je parle à monsieur de Florville?

DERNANCE.

Il paraît que de vous il n'est pas connu?

ELIZA.

Non.

DERNANCE.

(*A part.*)

Non? Eh! mais pourquoi pas?.... Si je prenais son nom?....

(*Haut.*)

Oui, madame, c'est moi!

VALCOUR (*bas à Dernance.*)

C'est toi!.... Quelle folie!

DERNANCE (*le prenant à part.*)

Tais-toi donc, je commence, ingrat, ta comédie.

VALCOUR (*bas.*)

Comment?

DERNANCE.

Voile, méprise et mystère, en voilà
Plus qu'il n'en faut, je crois, pour faire un opéra !

VALCOUR.

C'est charmant! mon ami, poursuis.

ELIZA.

Avec mystère
Je viens..... Pardon, monsieur, la chose est singulière.

VALCOUR (*à part.*)

Tant mieux !

ELIZA (*à Dernance.*)

Mais à vous seul j'aurais voulu parler.

DERNANCE.

L'aspect d'un tel ami ne doit pas vous troubler ;
C'est l'autre Ephestion !....

VALCOUR.

D'un second Alexandre !

DERNANCE (*bas à Valcour.*)

Tu fais le confident, à l'écart va m'attendre.

VALCOUR (*à part.*)

Bon ! voilà qui promet.

ELIZA.

Quoi, monsieur, c'est donc vous
Que l'on veut dès ce soir me donner pour époux !

DERNANCE (*bas à Valcour.*)

Ciel ! qu'entends-je? Mon cher, il m'arrive une femme !

VALCOUR (*à Dernance.*)

Aventure excellente !

DERNANCE (*à Eliza.*)

Eh! quoi! c'est vous, madame?

ELIZA.

Peut-être en cet instant vous ne m'attendiez pas?

DERNANCE.

Mais j'avouerai....

(*A Valcour.*)
Vois donc quel aimable embarras !

VALCOUR (*bas.*)

Tu lui fais déja peur.

DERNANCE (*bas.*)

Mon ami, c'est l'usage,
Tous les maris font peur avant le mariage.

VALCOUR (*bas.*)

Va donc la rassurer.

DERNANCE (*à Eliza.*)

Madame, qu'il m'est doux.....
(*A part.*)
Je ne sais que lui dire !.... Auprès d'un tendre époux,
Bannissez tout effroi ; pourquoi ce trouble extrême ?

ELIZA.

Monsieur, vous méritez sans doute qu'on vous aime.

DERNANCE (*à Valcour.*)

Bon ! je lui plais déja.

ELIZA.

La bonté, la douceur
Qui brillent dans vos traits, vous ont gagné ce cœur ;
Dès le premier abord, si j'ai lu dans votre ame,
Vous voudrez pour jamais le bonheur d'une femme.

DERNANCE.

Ce sera de mes vœux toujours le plus ardent !

ELIZA (*vivement.*)

Vous renoncerez donc à m'épouser !

DERNANCE.

Comment ?

ELIZA.

Vous paraissez si bon ! A vos soins je confie
Mes plus chers intérêts ; le bonheur de ma vie
Dépend de vous, monsieur ; si j'ose résister,
Mon tuteur, sans pitié, va me déshériter.
Pour conclure un hymen à mes desirs contraire,
Tout malade qu'il est il accourt de sa terre ;
Avec lui dans l'hôtel j'arrive en ce moment ;
Pendant qu'il se repose en son appartement,

Excusez ma démarche, avec toute assurance,
Je viens mettre en vous seul ma dernière espérance.
Vous êtes galant homme, et jamais au pouvoir
D'un tuteur, votre cœur ne voudra me devoir!

DERNANCE (*à part.*)

Allons! l'air désolé.... De l'amour seul, madame,
Il est doux, j'en conviens, d'obtenir une femme.
Pourtant vous avouerez que le jour assigné,
Les articles conclus!....

ELIZA (*vivement.*)

Vous n'avez rien signé!

DERNANCE.

Non..... Mais lorsqu'à mes vœux vous fûtes accordée,
Puis-je?....

ELIZA (*vivement.*)

Ce n'est pas vous qui m'avez demandée!

DERNANCE.

C'est vrai, ce n'est pas moi.... Mais lorsque les apprêts!....
Des amis invités.... Monsieur qui vient exprès.....

VALCOUR.

C'est vrai, je viens exprès.

DERNANCE.

Et puis lorsqu'on aspire
Depuis un siècle entier....

ELIZA.

Que voulez-vous donc dire?
Un siècle!.... Et vous n'avez pu savoir qu'aujourd'hui.....

VALCOUR.

C'est qu'un jour en amour est un siècle pour lui.

DERNANCE.

Il fallait en ces lieux au moins ne pas paraître,
Car c'est vous faire aimer que vous faire connaître.

VALCOUR.

Il prend si vîte feu.

DERNANCE (*allant s'asseoir.*)

Ce n'est fait que pour moi!

ELIZA (*à Valcour.*)

Monsieur, calmez-le donc.

VALCOUR (*à Dernance.*)

Mon ami, calme toi.

DERNANCE.

C'est le premier refus cependant que j'essuie!

VALCOUR.

Allons.... Florville!.... Allons, de la philosophie!

DERNANCE.

En est-il, mon ami, contre de pareils traits?

(*Se levant.*)

Perdre sa femme avant!....

VALCOUR.

Cela vaut mieux qu'après!

DERNANCE (*à Eliza.*)

De vos motifs au moins vous daignerez m'instruire.

ELIZA.

Sachez, monsieur!

DERNANCE.

Eh bien?

ELIZA.

Que je n'en puis rien dire.

DERNANCE.

Soit; mais pour cet hymen, monsieur vous apprendra
Que de fortes raisons.

VALCOUR.

Oui, madame, il en a.

ELIZA.

Quoi, monsieur, sans m'aimer?

VALCOUR.

Rassurez-vous, madame,
Aussitôt qu'il la voit, il adore une femme.

ELIZA (*à part.*)

Je saurai le forcer, j'espère, à refuser.

VALCOUR (*à Dernance.*)

Tiens bon.

ELIZA.

Il faudra donc, monsieur, vous épouser?

DERNANCE (*à part.*)

Diable!

SCÈNE XII.

Les mêmes, Mme. JACMIN.

Mme. JACMIN.

Votre tuteur demande sa pupille!

ELIZA.

Ciel! j'y cours à l'instant; adieu, monsieur Florville.
Sans me revoir, de grace, au moins n'acceptez rien.

(*Elle sort.*)

Mme. JACMIN (*à Dernance.*)

Quel nom vous donne-t-elle?

DERNANCE (*la renvoyant.*)

A présent, c'est le mien.

(*Mme. Jacmin suit Eliza.*)

Oui, dût m'être ce jour en embarras fertile,
Pour savoir son secret, je reste ici Florville;
J'irai jusqu'au contrat, j'irai même jusqu'à....

VALCOUR.

Jusqu'où?

DERNANCE.

Mais jusqu'où peut mener un opéra.

VALCOUR.

Tu m'enflammes, mon cher, poursuivons l'aventure.

DERNANCE.

Le sujet sera neuf et pris dans la nature!
Il n'en est plus, dit-on; eh bien! moi j'en trouve un
Qu'on n'accusera pas, du moins, d'être commun.
Je n'ai plus de parens; monsieur Dormeuil, sa fille,
Ma femme, son tuteur, je vais être en famille!

VALCOUR.

Pour faire notre pièce, il faut en profiter.

DERNANCE (*avec sentiment.*)

Un scrupule, mon cher, vient pourtant m'arrêter.....

VALCOUR.

Un scrupule?

DERNANCE.

D'un autre oser prendre la femme?

VALCOUR.

Eh! parbleu! c'est bien toi qui doit craindre un tel blâme!
Pourquoi n'est-il pas là?

SCÈNE XIII.

Les mêmes, Mme. JACMIN.

VALCOUR (*A Mme. Jacmin qui rentre.*)

Ne pourrions-nous par vous,
Savoir d'abord quelle est cette belle?

Mme. JACMIN.

Entre nous,
Quoique femme, monsieur, j'ai toujours su me taire,
Et je n'ai jamais fait causer un locataire;
Mais j'ai su par les gens que son tuteur exprès
L'amène pour finir par l'hymen un procès.

DERNANCE.

Son nom?

Mme. JACMIN.

J'ignore encore.

VALCOUR.

Et pourriez-vous m'instruire
Sur ce Florville?

Mme. JACMIN.

Hélas! tout ce que j'en puis dire,
C'est qu'il passait ici pour un mauvais sujet.

VALCOUR (*gaîment.*)

Tu vois qu'on peut pour lui te prendre tout-à-fait.

Mme. JACMIN.

C'est sa chambre qu'ici tantôt vous avez prise.

DERNANCE.

Ah! je vois maintenant d'où venait la méprise.

Mme. JACMIN.

Il a quitté l'hôtel seulement d'aujourd'hui.

DERNANCE.

A merveille! je puis alors passer pour lui.

Mme. JACMIN.

Allons, ils vont ici jouer la comédie.

VALCOUR.

C'est justement cela.

DERNANCE.

Soyez de la partie.

Mme. JACMIN.

Mais dois-je ainsi chez moi ?....

DERNANCE (*vivement.*)

Faudra-t-il vous presser?

VALCOUR.

Faut-il vous tourmenter?

DERNANCE.

Faut-il vous embrasser?

Mme. JACMIN.

Mais.....

VALCOUR.

Allons, vers et chant pour toute la journée.

Mme. JACMIN.

Ciel! ils vont transformer l'hôtel en athénée!

DERNANCE.

Eh! madame, au contraire, on n'y dormira pas.

VALCOUR.

Mais où sont tous vos gens?

Mme. JACMIN (*allant vers le fond du théâtre.*)

Ils montaient sur mes pas.

Je vais les appeler ; mais au moins puis-je croire ?....

DERNANCE.

Soyez tranquille.

Mme. JACMIN.

Allons !

VALCOUR (*l'embrassant.*)

Elle y consent, victoire !

SCÈNE XIV.

Les mêmes, DOMESTIQUES.

FINAL.

Mme. JACMIN.

Hola, Thomas, François, Bertrand,
Venez ici tous à l'instant.

CHŒUR.

Nous accourons tous sur-le-champ.

Mme. JACMIN.

A mes ordres qu'on soit docile,
Retenez bien qu'en ce moment
Monsieur s'appelle ici Florville.

CHŒUR.

Par quel étrange événement ?

Mme. JACMIN.

Eh ! qu'importe l'événement ?
A mes ordres qu'on soit docile !
Voilà pour vous le vrai Florville.

VALCOUR.

Ma foi ! le tour sera nouveau
L'aventure sera comique.
Je vais chercher ce qu'il me faut,
Pour mettre promptement chaque scène en musique.

Mme. JACMIN (*à Dernance.*)

Venez voir votre appartement.

DERNANCE (*retenant tout le monde.*)

Que faisait ici ce Florville ?

CHŒUR.

Il donnait pour boire souvent.

DERNANCE (*leur donnant de l'argent.*)

Par heure ici j'en donne autant
Pendant que je serai Florville.

CHŒUR.

Ah ! monsieur, soyez donc Florville ;
Oui, Florville éternellement.

DERNANCE.

Me nommerez-vous bien Florville ?

CHŒUR.

Rien n'est aussi facile ;
Tant que vous paierez bien,
Vous appeler Florville
Ne nous coûtera rien.

DERNANCE.

Nommez-moi donc Florville !

CHŒUR.

Bonjour, monsieur Florville.

DERNANCE.

Encor !

CHŒUR.

Bonjour, monsieur Florville.

DERNANCE.

Vous le direz à tout venant.

CHŒUR.

Nous le dirons à tout venant.

DERNANCE.

Vous le soutiendrez hardiment ?

CHŒUR.

Nous le soutiendrons hardiment.

DERNANCE *et* VALCOUR.

Quoique l'on puisse dire ou faire ?

CHŒUR.

Nous le dirions à votre père.

DERNANCE *et* VALCOUR.

C'est à merveille ! c'est charmant !

CHŒUR.

ENSEMBLE.

À vos leçons chacun sera docile ;
Vous les donnez si généreusement !
On a de tout, monsieur, dans cette ville,
Et même un nom, quand on a de l'argent.

DERNANCE *et* VALCOUR.

A nos leçons chacun sera docile ;
Nous les donnons si généreusement !
On a de tout, mon cher dans cette ville,
Et même un nom, quand on a de l'argent.

(*Dernance rentre dans son appartement, Valcour, Mme. Jacmin et les valets sortent par le fond.*)

FIN DU PREMIER ACTE.

ACTE II.

SCÈNE PREMIÈRE.

LUCILE (*entrant et marchant en parlant sans s'arrêter.*)

Mon père en revenant n'a pas voulu monter,
Mais il m'a commandé de ne pas m'arrêter.
Ne nous arrêtons pas.... il est de la prudence,
Que j'évite en ces lieux de rencontrer Dernance;
Et, si je m'arrêtais, il pourrait m'y parler!
Le voici.... je dois donc au plutôt m'en aller.
(*Elle s'en va le plus lentement possible.*)

SCÈNE II.

DERNANCE, LUCILE.

DUO.

DERNANCE (*sortant de son appartement.*)

Oh! rencontre heureuse et chérie!
Bonheur parfait, inattendu :
Arrêtez, je vous en supplie.

LUCILE (*s'en allant*).

Mon père me l'a défendu.

DERNANCE.

Moins que lui montrez-vous sévère.

LUCILE (*s'arrêtant.*)

On doit obéir à son père.

DERNANCE.

Un seul mot en vous en allant.

LUCILE (*revenant.*)

En m'en allant, c'est différent.
Il ne m'a pas fait la défense
De vous parler en m'en allant.

DERNANCE.

Dois-je perdre toute espérance.

LUCILE.

Oh ! non, non, non ; dans ce moment
Je puis vous dire, en m'en allant,
Qu'un ancien ami de mon père
Qui vous connaît parfaitement,
Vient par le sort le plus prospère
A l'instant même de lui faire
De Dernance un portrait charmant ;
Je vous le dis en m'en allant.

ENSEMBLE.

DERNANCE.

Oh ! rencontre heureuse et chérie !
Bonheur parfait, inattendu !
Tout espoir n'est donc pas perdu ;
J'aime ce père à la folie !

LUCILE.

Oh ! rencontre heureuse et chérie !
Non, tout espoir n'est pas perdu,
Puisqu'il ne m'est pas défendu
De l'aimer pour toute la vie !

LUCILE.

Adieu, je rentre sur-le-champ.

DERNANCE.

Un seul mot en vous en allant.

LUCILE (*revenant.*)

En m'en allant, c'est différent !

DERNANCE.

Votre père est donc bien sévère ?

LUCILE.

Il aime votre caractère,
Et quoiqu'il soit un peu railleur,
Tous les talens savent lui plaire,
Tous les succès touchent son cœur.
Tâchez donc par un bon ouvrage
D'obtenir bientôt son suffrage.

DERNANCE.

D'un seul mot doublez mon talent !

LUCILE.

Quel est ce mot ?

DERNANCE.

C'est.... je vous aime.

LUCILE (*s'en allant.*)

L'imprudence serait extrême.

DERNANCE.

On peut le dire en s'en allant.

LUCILE (*revenant.*)

En s'en allant, c'est différent !
Travaillez bien ; oui, je vous aime !

ENSEMBLE.

DERNANCE.

Oh ! rencontre heureuse et chérie ! etc.

LUCILE.

Oh ! rencontre heureuse et chérie ! etc.

(*Après le duo, Lucile rentre dans son appartement.*)

DERNANCE (*la suivant.*)

Quoi ! déja vous sortez ?

SCÈNE III.

DERNANCE (*seul.*)

Quelle aimable candeur !

(*Avec feu.*)
Paraissez maintenant, rival, parens, tuteur !
Mais pourquoi ce Florville attendant sa future,
S'est-il donc éloigné ? quelle étrange aventure !

SCÈNE IV.

Mme. JACMIN, DERNANCE.

Mme. JACMIN.

Monsieur, notre pupille en secret suit mes pas.
Elle veut vous voir seul, et me l'a dit tout bas ;

De vous avec grand soin elle s'est informée.
Son vieux tuteur la croit dans sa chambre enfermée.
Il ne saurait marcher, la goutte le retient,
L'empêche de sortir.... Mais la pupille vient....

DERNANCE.

Il suffit : laissez-nous.

Mme. JACMIN (*à part en s'éloignant.*)

L'intrigue m'inquiète.
C'est trop d'être à-la-fois et discrette et muette.
A l'un des deux penchans je ne puis résister,
Et femme qui se tait, doit au moins écouter.

DERNANCE (*à Mme. Jacmin.*)

Eh bien !

Mme. JACMIN (*montrant Eliza qui entre.*)

Mais....

DERNANCE.

C'est ma femme ! allez.....

Mme. JACMIN.

Je me retire !
N'entendre ni parler, c'est un double martyre.

(*Elle sort.*)

SCÈNE V.

ELIZA, DERNANCE.

ELIZA (*à part.*)

N'ayant pu le fléchir, tâchons de l'effrayer.

DERNANCE (*à part.*)

Pour savoir son secret, il faut tout employer.

ELIZA (*à part.*)

Je saurai le forcer à quitter la partie.

DERNANCE (*à part.*)

Pour mieux l'écrire un jour, jouons la comédie.

ELIZA (*s'approchant.*)

Nous allons donc, monsieur, dès ce soir être unis?

DERNANCE.

Croyez que d'un tel nœud mon cœur sent tout le prix.

ELIZA.

Ainsi, vous persistez?

DERNANCE.

Je ne saurais mieux faire,
Et trop heureux qui prend.... femme qui sait se taire!

ELIZA (*l'observant.*)

Prenez garde, monsieur, des liens aussi doux,
Réclament un accord bien parfait dans nos goûts!

DERNANCE.

Et les vôtres seront?

ELIZA (*étourdiment.*)

Modes, fêtes nouvelles;
Je veux qu'un enrichi n'en ait pas de plus belles:
Bal, concert, équipage, un pour vous, deux pour moi.
Terre, hôtel et château; voilà quelle est ma loi.

DERNANCE.

Vous comptez donc avoir cent mille francs de rente?

ELIZA (*étourdiment.*)

Il n'importe, j'en veux dépenser cent cinquante.

DERNANCE (*à part.*)

Renchérissons sur elle, et divertissons-nous.

ELIZA (*l'observant.*)

Voilà mes goûts, monsieur, les partagerez-vous?

DERNANCE (*du ton le plus léger.*)

Madame, avec transport, je chéris la dépense!
Chez nous, assaut de luxe et de magnificence.

ELIZA (*piquée.*)

D'hommages à vingt ans on aime à s'entourer,
Et.....

DERNANCE.

Ma tranquillité ne peut s'en altérer!
Du quartier favori je connais la méthode,

Et tout moderne époux doit en suivre le code.
Là, monsieur rarement se montre au déjeûner,
Comme invité par fois il paraît au dîner,
S'éclipse avec la foule, et de crainte de blâme,
Ne demande jamais qui reste avec madame?
Au sein de l'esclavage, ainsi de son côté,
Chacun du célibat goûte la liberté;
De tout fâcheux devoir l'un l'autre on se délivre,
Et voilà comme agit tout mari qui sait vivre.
Cela vous convient-il?

ELIZA (*impatientée.*)

Monsieur, je vous préviens
Que j'ai de grands défauts.

DERNANCE (*galamment.*)

Madame, j'ai les miens.

ELIZA.

Je suis impatiente; il faudra vous y faire.

DERNANCE (*gaîment.*)

Je ne puis vous blâmer, car je suis très-colère.

ELIZA.

Je passe au jeu le jour, lui seul me divertit.

DERNANCE.

Je dois vous excuser, car j'y passe la nuit.

ELIZA.

J'aime à rentrer fort tard.

DERNANCE.

Moi, je ne rentre guère.....
Et souvent pas du tout.

ELIZA (*à part.*)

Comment donc lui déplaire?

DERNANCE.

Qu'un tel accord de goûts est fait pour me toucher!

ELIZA.

Quoi! monsieur, rien de moi ne peut vous détacher?

DERNANCE (*se rapprochant.*)

Allons, quand une femme est tout-à-fait muette,
Il faut parler pour elle; on a quelqu'amourette.
J'y suis, heim!..... n'est-ce pas?

ELIZA.

Non, monsieur.

DERNANCE.

Quel bonheur!
Ainsi vous pourrez donc m'épouser?

ELIZA.

Non, monsieur.

DERNANCE.

Vous m'apprendrez alors?

ELIZA.

Non, monsieur!

DERNANCE.

Soit, madame.
Gardez votre secret, mais vous serez ma femme.
Ciel! que vois-je? des pleurs baignent je crois vos yeux?

ELIZA.

Recevez sans courroux de pénibles aveux.

DERNANCE.

Mon ame n'en peut être en rien contrariée.

ELIZA.

Sachez donc que je suis.....

DERNANCE.

Vous êtes?

ELIZA.

Mariée!

DERNANCE.

Ma femme mariée! oh ciel!

ELIZA.

Secrettement.

DERNANCE.

Quoi! madame, en secret?.....

ELIZA.

Oui, monsieur.

DERNANCE (*à part.*)

C'est charmant!
Le mortel fortuné dont j'occupe la place,
S'il était là ferait une belle grimace.
Je dois la faire aussi..... (*à Éliza.*) mariée !

ELIZA.

Oui, monsieur.
Mais si ces nœuds étaient rompus par mon tuteur,
Jugez de mes tourmens, de ma douleur amère ;
Vous êtes irrité ?

DERNANCE (*vivement.*)

Moi, madame, au contraire,
Je suis ravi !

ELIZA.

Comment ?

DERNANCE.

Et de tout mon pouvoir,
Je voudrais vous servir.

ELIZA.

Vous n'avez qu'à vouloir.
Chargez-vous du refus, on ne peut vous contraindre.
De votre oncle d'ailleurs, vous n'avez rien à craindre.

DERNANCE (*à part.*)

Comment, diable ! mon oncle ?...

ELIZA.

Il arrive, dit-on,
Pour former dès ce soir ici notre union.

DERNANCE (*à part.*)

Allons, me voilà bien.

ELIZA.

Mais depuis votre enfance
Il ne vous a pas vu ; loin des bords de la France,
Dans les Indes quinze ans vous avez voyagé.

DERNANCE (*gaîment.*)

Il doit s'attendre alors à me trouver changé.

ELIZA.

J'ose donc espérer votre appui tutélaire.
Mon époux ne sait point cet étrange mystère.

J'ai dû tout lui cacher. Bouillant, vif, emporté,
Au premier mot sans doute il aurait éclaté ;
C'est son sort et le mien qu'à vos soins je confie,
Adieu ! je vous devrai le bonheur de ma vie.
Je rejoins mon tuteur ; pour moi qu'il fut heureux
De rencontrer en vous un cœur si généreux.

DERNANCE (*l'accompagnant*)

Puissé-je dès ce jour, terminer vos allarmes,
Et tarir pour jamais la source de vos larmes.
Le sort ne voulut point à vos lois m'asservir,
Mais il répare tout, si je puis vous servir.

(*Eliza sort.*)

SCÈNE VI.

DERNANCE (*seul.*)

Si je ne sais pourtant quel était ce Florville,
Le remplacer ici ne sera pas facile,
Et l'embarras pour moi peut devenir complet !

SCÈNE VII.

DERNANCE, Mme. JACMIN.

Mme. JACMIN (*accourant.*)

Allons, monsieur, quittez votre nom s'il vous plaît.

DERNANCE.

Et pourquoi ?

Mme. JACMIN.

De ce nom le véritable maître,
A la minute même en ces lieux va paraître.

DERNANCE (*vivement.*)

Tant mieux !

Mme. JACMIN.

Songez qu'il monte.

DERNANCE.

Eh bien ! nous serons deux.

Mme. JACMIN.

Mais son oncle !

DERNANCE.

Il y gagne, il aura deux neveux !

Mme. JACMIN.

Que va-t-il se passer ? j'en suis toute saisie.....

DERNANCE (*gaiment.*)

Je suis le vrai Florville, et voilà mon Sosie !

SCÈNE VIII.

Les mêmes, FLORVILLE *neveu.*

FLORVILLE.

Je reviens, bonne hôtesse ; à quelqu'un pour midi
J'ai donné rendez-vous. Je vais l'attendre ici.

Mme. JACMIN.

Voulez-vous une chambre ?

FLORVILLE.

Oh ! ce n'est pas la peine.
(*à Dernance.*)
Pour un quart d'heure au plus.... Monsieur, si je vous gêne.

DERNANCE.

(*A part.*)
Au contraire. Il s'assied, et moi j'en fais autant.

Mme. JACMIN (*au milieu.*)

Les voilà tous les deux établis.

DERNANCE (*à part.*)

C'est charmant !
(*à Mme. Jacmin.*)
Je saurai qui je suis..... Laissez-nous je vous prie.

Mme. JACMIN.

Il me l'avait bien dit, c'est une comédie. *(Elle sort.)*

SCÈNE IX.

DERNANCE, FLORVILLE *neveu.*

FLORVILLE *(assis et à part avec humeur.)*

Au fait, je l'attendrai, ce bourru, ce brutal !

DERNANCE *(à part.)*

Je suis un peu plus gai que mon original !

FLORVILLE *(à part tirant sa montre.)*

Peut-être croirait-il que par peur je l'évite.
Jusques à la demie, attendons sa visite ;
Si mon oncle arrivait, je puis toujours m'enfuir.

DERNANCE *(à part et gaîment.)*

Attendons qu'il me parle et voyons-le venir.

SCÈNE X.

Les mêmes, Mme. JACMIN.

Mme. JACMIN *(du fond.)*

Messieurs, quelqu'un demande un monsieur de Florville.

DERNANCE *(à part et gaîment.)*

Parbleu ! ce sera moi.

Mme. JACMIN.

La visite est utile ;
C'est de l'or, qu'on apporte.

DERNANCE *et* FLORVILLE.

Eh bien ! qu'on entre !

FLORVILLE (*à part.*)

Eh quoi !
Ce monsieur, ce me semble, a répondu pour moi.
(*Mme. Jacmin fait entrer et sort.*)

SCÈNE XI.

Les mêmes, TENANT-BON.

TENANT-BON (*d'un air patelin.*)

Lequel est de vous deux Florville ?

DERNANCE *et* FLORVILLE.

C'est moi-même.

TENANT-BON (*surpris.*)

Tous les deux !

DERNANCE *et* FLORVILLE.

Non, c'est moi.

FLORVILLE (*à part et fixant Dernance.*)

Ma surprise est extrême !

TENANT-BON.

Deux pour un ; c'en est trop, messieurs, en ce moment.

DERNANCE (*tendant la main.*)

Vous venez à Florville apporter de l'argent ?

FLORVILLE (*à part.*)

Que fait-il donc ?

TENANT-BON.

Pardon ! lorsque je lui fais dire
Que je veux en avoir, il me fait éconduire ;
Point de Florville ici, quand il m'en faut compter ;
J'ai fait, pour être admis, semblant d'en apporter.
Introduit maintenant, je reprends mon vrai rôle,
Et j'en viens demander !

DERNANCE (*lui frappant sur l'épaule.*)

Le tour est assez drôle.
Eh ! qui diantre êtes-vous ?

TENANT-BON (*élevant la voix.*)

J'ai l'honneur d'être huissier,
Représentant *ad hoc* de plus d'un créancier ;
Porteur d'un effet ; donc, sans détour inutile,
Dites-moi, sur-le-champ, qui de vous est Florville !

FLORVILLE.

Ce n'est plus moi !

DERNANCE.

Ni moi !

TENANT-BON (*en colère.*)

Quoi ! ce n'est aucun d'eux ?
Pour toucher de l'argent, j'en trouve à l'instant deux,
S'agit-il d'en donner, ce n'est ni l'un ni l'autre !
Pour en user ainsi, quel motif est le vôtre ?
Croyez-vous m'échapper, vous soustraire à la loi ?
Répondez clairement.

FLORVILLE (*impatienté.*)

Eh bien, c'est moi.

DERNANCE.

C'est moi.

TENANT-BON.

Il ne m'en faut pas deux, je n'ai qu'une sentence ;
Un protêt général suivi d'une ordonnance
Pour arrêter....

FLORVILLE et DERNANCE (*vivement.*)

Alors, ce n'est plus moi !

TENANT-BON.

Comment ?
C'est vous, ce n'est plus vous..... Il faut bien cependant
Que l'un des deux me paie.

DERNANCE.

Il faut d'abord, je pense,
Savoir celui qui doit.

TENANT-BON (*à Dernance.*)

Si j'en crois l'apparence,
C'est vous.

DERNANCE (*poussant l'huissier vers Florville.*)

Vous voyez bien que monsieur dit que non.

TENANT-BON (*à Florville.*)

C'est donc vous?

FLORVILLE (*le poussant vers Dernance.*)

Monsieur dit que Florville est son nom.
Peut-être il n'a pas tort.

DERNANCE (*le repoussant.*)

Il serait très-possible
Que monsieur vous dît vrai.

TENANT-BON (*en colère.*)

Défaite inadmissible!
Vous n'êtes pas tous deux Florville?

DERNANCE.

Que sait-on?

FLORVILLE (*à part.*)

Pour en agir ainsi, j'ignore sa raison;
Profitons-en toujours et nous verrons ensuite.

TENANT-BON.

Çà, messieurs, terminons ces débats au plus vîte.
Se moque-t-on de moi?

DERNANCE (*s'inclinant avec respect.*)

Nullement.

TENANT-BON.

J'y suis fait....
Il n'importe pourvu qu'on solde mon effet.
Arrangez-vous, messieurs, le voilà.

DERNANCE.

Le beau style!

TENANT-BON.

Quelquefois un protêt plus qu'un livre est utile.

DERNANCE.

Qu'on m'apporte un billet fait au nom d'Apollon,
Des neuf sœurs approuvé, daté de l'Hélicon;
De l'acquitter soudain, je veux me faire gloire.
Mais ôtez de mes yeux cet odieux mémoire.
Eh! quoi se peut-il donc que des arts le premier,
Soit ainsi profané par la main d'un huissier?

TENANT-BON (*se fâchant.*)

La main ! !....

DERNANCE.

Pardon, pour vous je sais qu'on dit la griffe !
Un semblable grimoire est un vrai logogriphe.
Faut-il donc qu'un talent par les Dieux inventé
Pour conduire un auteur à l'immortalité,
Sous les ongles crochus d'un écrivain profane,
Vampire breveté, vrai suppôt de chicane,
Serve à nous griffonner une assignation,
Et d'un style barbare autant que l'action,
Donnant à l'intérêt une lâche victoire,
Aide à faire enfermer ceux qui firent sa gloire ?
Je voudrais tout au moins qu'il fût avec rigueur
Enjoint par bon arrêt à tout noir barbouilleur,
Grossoyeur exploitant, dont rougit le Parnasse,
Huissiers et procureurs, race à plume vorace,
A tout scribe timbré qui déshonore l'art,
De n'écrire jamais que sur papier brouillard !

(*Il lui jette l'exploit au nez.*)

TENANT-BON (*en colère.*)

Nul huissier n'est tenu d'être Horace ou Virgile,
Mais il faut qu'un de vous soit à l'instant Florville ;
(*D'un ton plus doux.*)
Ou bien de mon effet soldez chacun moitié,
Je prendrai, s'il le faut, des deux mains.... par pitié !....

DERNANCE.

Dis donc par habitude !

TENANT-BON (*en colère.*)

On connaîtra les causes !....

DERNANCE (*noblement.*)

« Devine si tu peux, et saisis si tu l'oses. »

TENANT-BON (*s'avançant sur Dernance.*)

Je l'ose et je saisis !

DERNANCE.

Viens, et je t'apprendrai !

TENANT-BON (*reculant et en colère.*)

« A tout événement le sage est préparé ! »
On cite aussi, monsieur, on a lu son Corneille.

DERNANCE.

C'est Trissotin qui parle.

TENANT-BON.

Eh bien! soit, à merveille.

(*A Dernance.*)

Vous ne payez ? ni vous ?

DERNANCE.

Ni moi.

TENANT-BON (*à Florville.*)

Ni vous ?

FLORVILLE.

Ni moi.

TENANT-BON (*encore plus en colère.*)

Je cours intercéder le secours de la loi!
Vous aurez un morceau de ma littérature,
Qui du corps tout entier saura venger l'injure,
Et fera découvrir qui de vous en ces lieux
A voulu se moquer de moi! (*Fausse sortie.*)

FLORVILLE et DERNANCE (*allant à Tenant-Bon.*)

C'est tous les deux.

TENANT-BON (*se retournant.*)

Tous les deux, il suffit!

DERNANCE (*le prenant par la main et le ramenant.*)

Eh! crois-tu donc, profane,
Du fond de l'antre obscur de l'impure chicane
Pouvoir sur le Parnasse arrêter un auteur ?
Un huissier de ces lieux atteint-il la hauteur ?
Gravit-on en rampant vers la voûte céleste ?

TENANT-BON (*en colère.*)

Votre esprit est là-haut, mais le corps ici reste;
Et si vos vers vous font monter sur l'Hélicon,
Ma prose pourra bien vous conduire en prison!
Bon soir. (*Il sort.*)

DERNANCE (*le suivant.*)

Va contre nous implorer la Sybille!

SCÈNE XII.

DERNANCE, FLORVILLE, *neveu.*

DERNANCE (*légèrement et venant à Florville.*)

Par quel hasard, monsieur, vous nommez-vous Florville ?

FLORVILLE.

Il est fort celui-là !

DERNANCE.

Quelle est votre raison
Pour prendre un nom pareil ?

FLORVILLE.

Mais, monsieur, c'est mon nom.

DERNANCE.

De quel droit l'avez-vous ?

FLORVILLE.

Mais par droit de naissance.

DERNANCE (*riant.*)

Moi par droit de conquête !

FLORVILLE.

Ayez la complaisance
De me....

DERNANCE.

Jaloux de gloire, il me fallait un nom
Qui promît de lauriers une noble moisson !
J'ai choisi celui-là.

FLORVILLE.

Quittez-le.

DERNANCE.

Je le garde.

FLORVILLE.

C'est un nom dangereux !

DERNANCE.

Ma foi, je m'y hasarde.

FLORVILLE.

Il pourrait en ces lieux vous faire un mauvais tour.

DERNANCE (*gaîment.*)

Eh bien, prêtez-le moi seulement pour un jour.
D'autres pour obtenir des richesses certaines
Prennent le bien d'autrui, je ne veux que vos peines,
Vos dettes, votre nom, vos tourmens, vos ennuis;
Sous ce nom, seulement, dites-moi qui je suis!

FLORVILLE.

Sous ce nom vous risquez d'être saisi pour dettes.

DERNANCE.

Vous en avez?....

FLORVILLE.

Beaucoup!

DERNANCE.

Quel plaisir vous me faites!

FLORVILLE.

Eh! que prétendez-vous faire ici de mon nom?

DERNANCE.

Je ne m'explique pas; mais parlez, que sait-on?
Je pourrai vous servir, sur-tout point de mystères,
Songez qu'en ce moment même nom nous rend frères.

FLORVILLE.

Eh bien! sachez qu'ici pour doubler vos tourmens,
Un oncle avare et vieux vous arrive du Mans.

DERNANCE.

Bah! mon oncle est Manceau!

FLORVILLE.

Chicaneur comme un diable!

DERNANCE.

C'est juste!

FLORVILLE.

Il va vous faire une scène effroyable.

DERNANCE (*vivement.*)

Une scène, mon cher, une scène, eh! tant mieux !
Qu'il me la fasse bonne et je suis trop heureux !

FLORVILLE.

Ce n'est pas encor tout. Lorsqu'en secret votre ame
Pour une autre a conçu la plus ardente flamme,
Figurez-vous, monsieur, que cet oncle brutal
Vous vient d'un autre hymen offrir le nœud fatal !

DERNANCE (*vivement.*)

Je romprai cet hymen, ayez-en l'assurance ;

FLORVILLE.

Et de fléchir un oncle aurez-vous l'espérance,
Quand vous saurez sur-tout qu'un funeste destin
Vous a fait contracter un hymen clandestin?

DERNANCE.

Il se pourrait ?

FLORVILLE.

Enfin, que pour comble de blâme,
Vous avez, abusant vous même votre femme,
Epousé sous un nom d'emprunt !

DERNANCE (*vivement et l'embrassant.*)

Dieux ! quel bonheur !
Ma pièce est là, mon cher !

FLORVILLE.

Qu'avez-vous donc, monsieur ?

DERNANCE (*à part.*)

Mariés tous les deux ! quelle intrigue complette !

FLORVILLE.

Êtes-vous fou, monsieur ?

DERNANCE.

Eh ! non, je suis poète !
Achevez, secondez le plus heureux essor.

FLORVILLE.

Je n'en puis dire plus, monsieur !

DERNANCE.

Deux mots encor,
Que je sache du moins comment j'ai pris ma femme.

FLORVILLE.

Eh! bien, je tais les noms, vous m'avez gagné l'ame,
Et je vais tout vous dire : un jour près de Paris,
Conduit dans un château par d'imprudens amis,
J'apprends que j'y dois voir un homme respectable,
Mais qui, dit-on, nourrit une haine implacable
Contre mon oncle ! Un homme entiché de procès,
Franc plaideur, vrai Normand, chicaneur à l'excès ;
Et qui depuis vingt ans contre mon oncle plaide,
Tandis que le cher oncle en vrai Manceau procède !

DERNANCE (*réfléchissant.*)

A merveille !

FLORVILLE.

L'on veut, que par précaution,
Je me présente à lui, sous le nom de Derbon,
Premier nom de mon père, et j'y souscris sans peine ;
Mais voyez à quel point le destin nous entraîne,
Cet homme était tuteur du plus aimable objet ;
Je l'adore aussitôt !

DERNANCE (*gaîment.*)

Ainsi que j'aurais fait !
Nous devions tous les deux nous appeler Florville !

FLORVILLE.

Bref, chaque jour, je vois la charmante pupille,
Et sous mon premier nom je la décide enfin
A couronner mes feux par un nœud clandestin !
J'en étais là ! jugez de ma peine cruelle,
Quand mon oncle m'écrit, et sans me nommer celle
Qu'il prétend me donner, m'annonce qu'en ces lieux
Il accourt pour m'offrir dès ce soir, d'autres nœuds !

DERNANCE.

Mais pourquoi lui cacher ?....

FLORVILLE.

Moi ! braver la colère
De mon oncle !.... jamais !

DERNANCE (*vivement.*)

Eh bien! laissez-moi faire!
Il ne vous connaît pas, j'ai toute ma raison,
Du sang-froid, de l'audace, et veux sous votre nom
Maîtrisant le courroux de cet oncle intraitable,
A votre hymen secret le rendre favorable;
Et ce qu'on citera comme un trait non moins beau,
Fût-il Arabe ou Juif, au lieu d'être Manceau,
Le fâcher, l'émouvoir, l'accabler de tendresses,
Faire couler ses pleurs, l'étouffer de caresses;
Et tout en enrageant par un sublime effort
Lui faire enfin pour vous ouvrir son coffre-fort!
Je le garde en un mot, tant qu'il sera colère,
Quinteux, fâcheux, grondeur, avare, atrabilaire;
Et fidèle à l'honneur ainsi qu'à l'amitié,
Je vous le rends, monsieur, dès qu'il aura payé!

FLORVILLE.

Comment reconnaîtrai-je un aussi bon office?

DERNANCE.

Eh! c'est peut-être à moi que vous rendrez service!

FLORVILLE.

En quoi?

DERNANCE.

N'importe! allez et soyez de retour
Pour embrasser votre oncle avant la fin du jour!

FLORVILLE (*à part.*)

Il serait fort plaisant qu'il me tirât d'affaire.
C'est un poète, allons, il faut le laisser faire;
Ils sont fous presque tous, et les fous sont heureux.
Mon bretteur ne vient point; ma foi tant pis!.... Je veux
Risquer l'événement.... S'il ne peut m'être utile,
Il ne saurait me nuire!.... Adieu, monsieur Florville!

(*Il sort.*)

DERNANCE. (*gaîment*)

Je suis Florville enfin par procuration!

SCÈNE XIII.

DERNANCE, VALCOUR.

DUO.

VALCOUR (*un papier de musique à la main et composant.*)

A merveille ! je tiens ma modulation !

(*Il écrit.*)

DERNANCE.

Qu'est-ce donc ?

VALCOUR.

En chemin, j'ai fait mon ouverture !

DERNANCE.

Comment ! avant la pièce ?

VALCOUR (*avec enthousiasme.*)

Une méthode sûre
Prépare aux doux plaisirs ! par des accords heureux,
Mes spectateurs dès l'ouverture
Se croiront au séjour des Dieux !
Je les enlève !.... et moi-même avec eux !

DERNANCE (*le prenant par la main.*)

Descends !.... et sache enfin comment va l'aventure !
Mon cher, de grace, écoute-moi !

VALCOUR (*trouvant une idée.*)

Ah !... parle toujours, je suis à toi !

(*Il compose.*)

DERNANCE (*pendant que Valcour rêve.*)

Ici, j'ai vu notre pupille,
Son embarras vient d'un hymen secret.

(*Valcour solfie une phrase de musique sans écouter Dernance.*)

DERNANCE.

De son côté le vrai Florville
Est enchaîné par un hymen secret !

VALCOUR (*sans écouter.*)

J'entrevois un fort bon effet.

DERNANCE.

Je brûle de leur être utile !

VALCOUR (*à part et composant.*)

Je crois que je tiens mon effet !

DERNANCE.

Comprends-tu bien ?

VALCOUR.

Eh ! oui sans doute !

DERNANCE.

Entends-tu bien ?

VALCOUR (*distrait.*)

Oui, je t'écoute !

DERNANCE.

Ecoute-moi, mon cher Valcour !

VALCOUR.

(*A part.*)
Parle toujours !... On croit entendre un Troubadour !

DERNANCE (*s'impatientant.*)

Un Troubadour !

VALCOUR (*à part.*)

Qui chante son amour.
Là, c'est un berger qui soupire
Son langoureux martyre !

DERNANCE.

Laisse là ton berger, ton berger qui soupire
Et chante son amour.

VALCOUR (*avec feu.*)

L'ouverture, mon cher, n'est pas de ton domaine !
Ma Muse seule ici dicte des lois,
Elle commande en souveraine !

DERNANCE (*à part.*)

Il n'entendra rien, je le vois!

VALCOUR.

Ici les cors, là les haut-bois!

DERNANCE (*à part, se mettant à travailler.*)

Suivons mon plan; j'y suis je crois....

VALCOUR (*à part.*)

Et puis tout l'orchestre à-la-fois!

(*Il imite les effets d'orchestre avec la voix.*)

DERNANCE (*à part.*)

J'y suis!

VALCOUR (*allant à Dernance.*)

Mon cher, veux-tu m'entendre?

DERNANCE (*rêvant.*)

Dans un instant je suis à toi!

VALCOUR.

Mon cher, de grâce écoute-moi.

DERNANCE (*trouvant une idée.*)

Ah!... chante toujours, je suis à toi.

VALCOUR.

Ce morceau-là va te surprendre:
Oui, du succès il fera la moitié!

DERNANCE (*à part, travaillant et déclamant comme s'il parlait à l'oncle.*)

Pour un neveu, montrez quelqu'amitié!

VALCOUR.

A mes accens prête l'oreille,
Mon solo de basson fera je crois merveille!

DERNANCE (*continuant de travailler.*)

Il est bien digne de pitié!

VALCOUR.

Que dis-tu donc ?

DERNANCE.

Mais je t'écoute.

VALCOUR.

Vas-tu finir ?

DERNANCE (*lui faisant signe de le laisser.*)

Certainement.

VALCOUR.

M'entends-tu bien ?

DERNANCE.

Eh ! oui sans doute !

VALCOUR.

M'écoutes-tu ?

DERNANCE.

Parfaitement !
De l'oncle vois-tu la colère ?

VALCOUR (*imitant le basson.*)

Pon , pon , pon , pon , pon , pon , pon , pon ,
Quel joli trait pour mon basson !

DERNANCE.

Le neveu qui se désespère!

VALCOUR (*imitant la flûte.*)

Fron , fron, fron, fron, fron , fron , fron , fron.
Ici la flûte lui répond.
Ah ! combien j'aime ce passage.

(*Il continue de fredonner, tandis que* DERNANCE *dit.*)

Bientôt je rends à nos époux,
Des jours sereins et sans nuage ;
Et je ramène enfin le calme le plus doux,
Au sein de leur ménage !

ENSEMBLE.

M'entends-tu bien ? Certainement !
M'as-tu compris ? Parfaitement !

DERNANCE.

Tu m'as donc bien compris ?

VALCOUR.

Fort bien !... mais recommence !

DERNANCE.

Ici, j'attends un oncle, et j'avais pris d'avance
Une femme ! ma femme avait pris un mari.
De deux infortunés, mon cher, soyons l'appui !
Mais l'oncle et le tuteur ne voudront point se rendre
A la pitié....

VALCOUR.

Comment alors vas-tu t'y prendre ?

DERNANCE.

Je cours chez le tuteur de la pupille !

VALCOUR.

Bon !

DERNANCE.

Dès le premier abord, j'y prends les airs, le ton
De ces aimables fous que la grâce accompagne ;
Qui dès midi souvent ont sablé le champagne,
Et qu'on voit constamment changer trois fois par jour,
De valets, de chevaux, de costume et d'amour.
J'irrite le tuteur ; tandis que la pupille
Viendra de son côté railler l'oncle Florville,
Et le faire enrager. Tu conçois !... c'est charmant !
Tous deux sont furieux, rompent au même instant,
Partent.... Et nos époux pourront encor, j'espère,
Conserver le bonheur, à l'abri du mystère !

VALCOUR (*gaîment.*)

Le destin nous seconde au-delà de nos vœux,
Et nous ferons la pièce en faisant des heureux !

SCÈNE XIV.

Les mêmes, Mme. JACMIN.

Mme. JACMIN.

Accourez donc, monsieur ; l'excellente aventure !
L'oncle du Mans arrive et descend de voiture.
C'est-à-dire, il descend !....

VALCOUR.

Comment ?

Mme. JACMIN.

Il a versé
Sous la porte, en entrant !

DERNANCE.

Personne n'est blessé ?

Mme. JACMIN.

Non !

DERNANCE.

C'est alors parfait !

Mme. JACMIN.

Mais il jure, il enrage !

VALCOUR.

Tout juste dans le port, notre oncle fait naufrage !

Mme. JACMIN (*allant au fond du théâtre.*)

Du coche renversé venez le voir sortir !

DERNANCE.

Ce pauvre petit oncle, on va le divertir !
De son rôle je vais instruire la pupille ;
Reçois en attendant le cher oncle Florville !

VALCOUR (*le retenant.*)

Mais, mon cher, un moment, je ne le connais pas.
Sur lui je ne sais rien ; vois donc quel embarras !

DERNANCE (*gaîment.*)

Pour la pièce il en faut !... Imagine, compose,
Invente quelque scène, enfin fais quelque chose !
Sur toi j'avais compté ! mais un musicien.....
A quelques notes près, vous n'êtes bons à rien.

(*Il sort par la porte qui conduit chez Eliza.*)

SCÈNE XV.

VALCOUR (*seul.*)

Ah ! l'on n'est bon à rien ! grâce à mon zèle extrême,
Si je pouvais le faire ici malgré lui-même,
Tomber par quelque tour avec art combiné,
Là, dans un embarras bien conditionné !....
Pour son bien, agissons en adverse partie !
Et s'il peut s'en tirer par un trait de génie,
Sans redouter pour lui censeur, chute, ou rival,
Je le mets sur les rangs pour le prix décennal !

Mme. JACMIN (*accourant.*)

Voici l'oncle, monsieur.

FLORVILLE, oncle (*en dehors.*)

Peste soit du voyage !

VALCOUR.

Ah ! que notre oncle est drôle ! Allons, Valcour, courage !

SCÈNE XVI.

Les mêmes, FLORVILLE, oncle; *valets portant des valises et des paquets.*

FLORVILLE, oncle.

Ce maudit postillon ! me faire un pareil tour !
Pour la première fois, galopper dans la cour !

VALCOUR.

Mais c'est encor beaucoup pour une diligence !
Monsieur n'est pas blessé !

FLORVILLE, oncle (*se tâtant.*)

Non, dieu merci, je pense !
Quoi qu'il en soit pourtant, une chute, entre nous,
Est fort désagréable !

VALCOUR.

A qui le dites-vous ?...
Mais reposez-vous donc !

(*Madame Jacmin approche un siége.*)

FLORVILLE, oncle (*s'asseyant.*)

Si je puis m'y connaître,
Monsieur de cet hôtel est sans doute le maître !
Dès le premier regard, je vous ai jugé tel !

VALCOUR.

Les gens de mon état, monsieur, n'ont pas d'hôtel !...
C'est madame !...

FLORVILLE, oncle (*à Mme. Jacmin.*)

Pardon ! je viens dans cette ville
Pour y voir un vaurien, que l'on nomme Florville ;
Un traître de neveu qui, dit-on, dans Paris,
Se laisse diriger par un de ses amis,
Qui l'entraîne toujours vers des scènes nouvelles,
Et sur lequel au Mans on en conte de belles !

Mme. JACMIN (*sortant.*)

Le voilà justement !

FLORVILLE, oncle (*se levant, et allant à Valcour.*)

Quoi ! monsieur ! c'est donc vous ?

VALCOUR (*reculant.*)

Oui, c'est moi !...

FLORVILLE, oncle (*avançant.*)

Sur qui doit tomber tout mon courroux ?

VALCOUR (*reculant encore.*)

Doucement !

FLORVILLE, oncle (*de même.*)

C'est donc vous, dont l'exemple coupable
L'empêche d'écouter un oncle respectable ?

VALCOUR (*à part.*)

Allons, c'est à mon tour, je vais être l'ami.

FLORVILLE, oncle.

C'est vous qui, profitant des faiblesses d'autrui,
Sans cesse le poussez à mille extravagances,
Et l'entraînez ici dans de folles dépenses !

VALCOUR.

Moi, monsieur, l'entraîner ! ciel ! moi qui chaque jour
D'un oncle et des beaux-arts lui prêche en vain l'amour.
(*A part.*)
Allons, préparons-lui quelque intrigue nouvelle !
(*Haut.*)
Et me soupçonner, moi ! qui toujours avec zèle
Lui répétais, va donc voir ton cher oncle au Mans !
Veux-tu donc, étourdi, ressembler à ces gens,
Que l'on voit à Paris prolongeant leur tournée,
Dépenser en huit jours les rentes d'une année ;
Qui pour alimenter une bourse aux abois,
Tantôt font vendre un pré, tantôt couper un bois ;
Aux dépens des parens mènent état de prince,
Et dans l'oncle qui reste au fond de sa province,
S'accoutument à voir tout au plus l'intendant
Chargé de leur fournir tous les mois de l'argent ?

FLORVILLE, oncle.

Vous lui parliez de moi ?

VALCOUR.

Tous les jours, à toute heure !
(*A part.*) (*Haut.*)
Ah ! l'on n'est bon à rien ! Je lui disais, demeure,
Reste chez toi, travaille, abandonne le jeu !...

FLORVILLE, oncle (*à la cantonade.*)

Ah traître !

VALCOUR.

Et m'accuser d'entraîner ce neveu,
Quand c'est moi qui le presse en vain d'accepter celle
Que vous lui destinez !

FLORVILLE, oncle.

A mes ordres rebelle,
Il pourrait?....

VALCOUR.

Oui, monsieur, j'ai fait ce que j'ai dû,
J'ai crié.... comme un oncle; il n'a rien entendu !

FLORVILLE, oncle (*à la cantonade.*)

Déshérité, coquin !

VALCOUR (*à part.*)

Peste ! comme il commence !
(*Haut.*)
J'aurais sur tous ses torts observé le silence.
Il m'est cher, j'en conviens ! mais votre seul aspect
M'a pour vous inspiré déja tant de respect,
Que je ne puis souffrir qu'un oncle qu'on estime
Dès le premier regard, soit ainsi la victime....
Oui, victime, monsieur !

FLORVILLE, oncle.

Moi victime?

VALCOUR.

Entre nous,
Je vous dirai tout bas qu'on se moque de vous !

FLORVILLE, oncle.

On se moque de moi?

VALCOUR.

Oui, monsieur, l'on s'en moque !...
Ou l'on va s'en moquer !

FLORVILLE, oncle.

De rage je suffoque !

VALCOUR.

(*A part.*) (*Haut.*)
Il paraît en bon train ! Bref, monsieur, apprenez
Que pour rompre l'hymen que vous lui destinez,

De concert avec lui, dès ce soir la future
Va rire de votre air et de votre tournure!

FLORVILLE, oncle.

Oser rire de moi! pour faire un tel projet
Me croit-on donc un sot?

VALCOUR.

Oui, monsieur!

FLORVILLE, oncle.

Un benêt?

VALCOUR.

Oui, monsieur!

FLORVILLE, oncle.

Un nigaud?

VALCOUR.

Oui, monsieur!

FLORVILLE, oncle.

Ah! j'enrage!
Mais je n'en tiens que plus encore au mariage.
Qu'il vienne!

VALCOUR.

Je voudrais qu'il fût ici déja!

SCÈNE XVII.

Les mêmes, DERNANCE.

DERNANCE (*entrant vivement.*)

Cher oncle! est-ce donc vous?

FLORVILLE, oncle (*après l'avoir embrassé.*)

Quoi! vous n'êtes pas là
Quand j'arrive, monsieur?.... Mais quelle est ma surprise!
(*A Valcour.*)
Il était brun jadis!

DERNANCE (*à part.*)

Me voilà dans la crise !

(*A Florville.*)

On change en grandissant !

FLORVILLE, oncle.

De blond l'on devient brun,

Mais je n'ai jamais vu qu'un brun !....

DERNANCE.

C'est moins commun !

Souffrez dans mon transport....

(*Il va pour l'embrasser.*)

FLORVILLE, oncle (*l'arrêtant.*)

Plus je le considère

(*A Valcour.*)

Et plus il me surprend !.... Il n'a rien de son père !

VALCOUR.

Cela se voit souvent !

FLORVILLE, oncle (*tirant une boîte de sa poche.*)

Mais enfin, ce portrait

Que tu m'as envoyé !.... Comment ! pas un seul trait ?....

DERNANCE.

Le peintre m'a manqué.

FLORVILLE, oncle.

La fourbe ici se montre.

Il m'aura fait passer un portrait de rencontre,
Et me l'a fait payer comme étant fait exprès.
Sur tous vos autres torts nous reviendrons après.
Je crains que ce chapitre à présent ne m'entraîne
Un peu trop loin ! Parlons du motif qui m'amène.
Pour vous fixer enfin, je viens vous marier.

DERNANCE.

Est-ce le bon moyen ?

FLORVILLE, oncle.

Vous vous ferez prier,

Je le sais....

DERNANCE.

Pardonnez ! mais pour le mariage

Je ne me sens pas né ; moi ! mon oncle ! un ménage !
Des enfans ! Voulez-vous que j'aille dans Paris,
Risquer d'accroître encor le nombre des maris,
Qui las au bout d'un mois de la foi conjugale,
Redeviennent garçons en dépit du scandale ;
Désertent leur hôtel pour le galant réduit
Où l'amour d'un instant trop souvent les conduit ;
Et dans un équipage, en public auprès d'elles,
Affichent à grands frais leurs conquêtes nouvelles,
Tandis qu'en soupirant, la plaintive moitié
Prend un char sur la place, ou court la ville à pié.
J'ai bon cœur, et je sens dans le fond de mon ame,
Que je compromettrais le bonheur d'une femme ;
Ma constance n'atteint qu'à peine au lendemain !
J'aime à quitter le soir les chaînes du matin !
Je suis jeune, et l'hymen est un port où le sage
Ne doit se reposer qu'à la fin du voyage !

FLORVILLE, oncle (*à Valcour.*)

Mais on me l'avait dit pourtant sentimental !

VALCOUR.

Paris au sentiment est un lieu si fatal !

FLORVILLE, oncle (*à Dernance.*)

Il n'importe, monsieur, cet hymen doit se faire,
Et tous mes avocats l'ont jugé nécessaire ;
Nous avons un dédit, il s'agit d'un procès,
Le fonds s'est vu mangé par d'éternels délais.
Pour finir, mon plaideur à la raison docile,
Consent à vous donner la main de sa pupille.
Point de réflexion, dépêchez-vous d'opter ;
Je vais vous marier ou vous déshériter !

DERNANCE.

Mais....

FLORVILLE, oncle (*brusquement.*)

Oui.... non.... Bornons là toute la plaidoirie !

DERNANCE.

Pour non?

FLORVILLE.

Je déshérite !

DERNANCE.

Et pour qui ?

FLORVILLE, oncle.

Je marie !

DERNANCE.

Cher oncle, je me tais !

FLORVILLE, oncle (*brusquement.*)

Qui ne dit mot !.... C'est bon !

DERNANCE.

Mais je n'ai pas dit oui !

FLORVILLE, oncle.

C'est alors dire non !
D'après ce qu'on m'écrit, la pupille est charmante !

DERNANCE.

C'est vous qui jugerez, s'il faut que je consente !
La voici justement !

FLORVILLE, oncle.

Acceptez, croyez-moi !

DERNANCE (*à Valcour.*)

Vois-tu d'ici la scène ?

VALCOUR (*à part.*)

Oh ! beaucoup mieux que toi !

FLORVILLE, oncle (*à part.*)

Prouvons-leur qu'un Manceau n'est pas un imbécille.

SCÈNE XVIII.

Les mêmes, ELIZA.

ELIZA (*du ton le plus étourdi.*)

Eh bien ! où donc est-il ce cher oncle Florville ?
Mon tuteur qui ne peut venir le recevoir,
Auprès de lui m'envoie à l'instant pour savoir

Si l'accident!.... Pardon! oh! la bonne figure!
Est-ce lui?

DERNANCE.

C'est lui-même!

ELIZA.

Excellente tournure!
Quel air aimable et doux! tous les oncles du Mans
Sont-ils faits ainsi?

FLORVILLE, oncle (*raillant.*)

Tous!

ELIZA.

Ils sont alors charmans!

FLORVILLE, oncle.

Trop bonne!

VALCOUR (*à Florville.*)

Vous voyez.

ELIZA.

C'est qu'on n'est pas plus drôle!

FLORVILLE, oncle.

Vous me trouvez donc bien?

ELIZA.

Charmant! sur ma parole!

DERNANCE (*à Florville.*)

Comme elle a l'œil perçant et le jugement fin!

FLORVILLE, oncle.

Vrai!

ELIZA.

Je ne lui voudrais qu'un souris plus malin.

FLORVILLE, oncle (*raillant.*)

Eh bien, je tâcherai!

ELIZA.

Mise plus élégante!

FLORVILLE (*de même.*)

On changera de mise!

ELIZA.

Enfin !....

FLORVILLE, oncle (*criant à tue-tête.*)

Elle est charmante !

ELIZA.

Je veux à la Titus qu'il soit aussi bientôt.

FLORVILLE, oncle (*à Dernance.*)

Voilà, mon cher ami, la femme qu'il te faut !

DERNANCE (*à part.*)

Mais cet oncle est un diable !

FLORVILLE, oncle.

Eh bien, ma chère nièce,
Ai-je à présent assez d'esprit et de finesse ?
Quoi ! vous ne riez plus ? Allons, gai mes enfans !
Eh bien ! que pensez-vous de votre oncle du Mans ?
Faut-il qu'il change encor d'esprit et de tournure ?

DERNANCE (*à Valcour.*)

Il se moque de nous, mon cher, la chose est sûre !

VALCOUR (*bas.*)

Attends !

FLORVILLE, oncle.

Faut-il encor, pour être à votre gré,
Que par la diligence on arrive paré ?
Qu'un vieillard de province imite en leur folie,
Ces vieux extravagans dont la ville est remplie,
Damoiseaux surannés, galans de soixante ans,
Qui sous une Titus cachent leurs cheveux blancs;
Et d'un frac à la mode affublant leur vieillesse,
Vont livrer aux brocards leur caduque jeunesse ;
Glisser en escarpins, grelotter en spencer ;
Et de nos céladons pour mieux se donner l'air,
Aux pieds de vingt beautés, qui ne peuvent qu'en rire,
Soupirer en toussant leur douloureux martyre ?
Ah ! de moi l'on riait !.... Non, je ne suis qu'un sot !

DERNANCE.

Mais sans vous démentir !....

FLORVILLE, oncle.

Paix ! je sais le complot !

DERNANCE (*à Valcour.*)

Mais par qui donc ?

VALCOUR (*bas.*)

Par moi !

ELIZA (*à part.*)

Quelle étrange aventure !

FLORVILLE, oncle (*à Valcour.*)

Et bien ! pour un Manceau ?....

VALCOUR (*à Florville.*)

Pas trop mal, je vous jure !

SCÈNE XIX.

Les mêmes, DORMEUIL.

DORMEUIL (*entrant par le fond.*)

Bonjour, mon cher Dernance !

DERNANCE (*à part.*)

Allons ! autre embarras !

VALCOUR (*allant à Dormeuil, et lui parlant bas.*)

Paix ! monsieur ! de ce nom....

DORMEUIL.

Quoi ?....

VALCOUR (*bas*).

Ne le nommez pas !

DORMEUIL.

Ne vint-il pas tantôt sous le nom de Dernance....

VALCOUR (*bas, à Dormeuil.*)

C'est un nom qu'il prenait, monsieur, par circonstance !
Appelez-le Florville à présent, pour raison !

DORMEUIL (*allant à Dernance.*)

Quoi ! vous veniez chez moi, monsieur, sous un faux nom.

DERNANCE.

Qui ? moi !

DORMEUIL.

Sous un faux nom, me demander ma fille !
Prétendre s'introduire ainsi dans ma famille !

FLORVILLE, oncle.

Ah ! coquin de neveu !

DORMEUIL (*à Florville.*)

Comment ! son oncle ! vous ?
Il dit ses parens morts !

FLORVILLE, oncle.

Traître ! crains mon courroux !

DERNANCE (*à Valcour.*)

Mais comment sait-il donc ?....

SCÈNE XX.

Les mêmes, LUCILE.

DORMEUIL (*va à la porte de son appartement et amène Lucile.*)

Venez, mademoiselle,
Venez savoir quel est cet amant si fidèle
Qui sous un nom d'emprunt demandait votre main !

FLORVILLE, oncle (*avec colère, montrant Eliza.*)

Quand pour lui j'arrangeais ici cet autre hymen !

DORMEUIL (*à Dernance.*)

Deux à-la-fois ! pas mal !

DERNANCE.

Croyez, mademoiselle,
Que ce cœur n'a jamais....

LUCILE.

Fi ! parjure ! infidèle !

SCÈNE XXI.

Les mêmes, TENANT-BON, Mme. JACMIN.

TENANT-BON (*en dehors, à Mme. Jacmin.*)

Madame, parlez net, ou je vais éclater !

DERNANCE (*à Valcour.*)

Eh ! mon cher, c'est l'huissier qui voulait m'arrêter !

TENANT-BON (*entrant.*)

Saurai-je enfin ici quel est le vrai Florville ?

VALCOUR (*bas à Tenant-Bon, sans être vu de Dernance.*)

Le voilà !

TENANT-BON.

S'il m'échappe, il sera bien habile !

(*A Dernance.*)

Enfin je vous connais !

DERNANCE (*à Valcour.*)

Et par qui donc ?

VALCOUR (*bas.*)

Par moi !

TENANT-BON.

Allons, marche en prison, monsieur, de par la loi.

TOUS.

La prison !

TENANT-BON.

Des huissiers croyez-vous qu'on se joue ?

VALCOUR (*à Dernance.*)

La prison, mon ami ! comme cela se noue !

DERNANCE (*à Tenant-Bon.*)

Moi, la prison ! maraud ! moi coquin, la prison !

TENANT-BON (*reculant.*)

J'ai logé de tout tems les enfans d'Apollon !
Monsieur, de vous nommer m'a rendu le service !
(*à Valcour.*)
Mais à qui s'il vous plaît, dois-je un si bon office ?

VALCOUR (*d'un air avantageux.*)

On me nomme Valcour !

TENANT-BON (*lui prenant le bras.*)

Valcour ! permettez-moi,
Pendant que je vous tiens ; j'ai là ce nom, je croi !
(*Il fouille dans les papiers qui sont à sa ceinture.*)

DERNANCE.

Diable ! à quelque sentence aurais-tu donné prise ?

TENANT-BON.

Non, c'est Dercour, un peintre. Excusez ma méprise !

VALCOUR.

Aux artistes, je vois qu'un huissier est fatal !

TENANT-BON.

Les beaux-arts dans Paris me donnent bien du mal !

FLORVILLE, oncle (*montrant Dernance.*)

Et pourquoi l'arrêter ?

TENANT-BON.

Pourquoi, monsieur ? pour dettes !
Voilà l'état exact de celles qu'il a faites.
Les bons, les bordereaux, les protêts, le par corps !
Ici le jugement !.... là-dedans vingt recors....
Entrez tous.
(*Les recors entrent.*)

DERNANCE.

Ah ! grands dieux !

VALCOUR (*à Tenant-Bon.*)

Bien !

TENANT-BON.

Verbal, s'il persiste !
Doubles frais si j'écris, la force s'il résiste !

On m'a pour mes exploits surnommé Tenant-Bon,
Et je ne prétends pas démentir un tel nom !

FLORVILLE, oncle (*à Tenant-Bon.*)

Voyons d'abord l'exploit et l'état de ses dettes !

DERNANCE (*riant.*)

Parbleu ! je veux savoir comment je les ai faites !

TENANT-BON (*lisant.*)

Item au carrossier pour l'avoir dans Paris,
Roulé six mois entiers ! mille écus.... c'est le prix !

FLORVILLE, oncle (*à Dernance avec colère.*)

Quoi ! fripon, tu roulais ?....

DERNANCE (*gaîment.*)

J'aime à faire figure.

DORMEUIL (*raillant.*)

Il voulait au Parnasse arriver en voiture.

FLORVILLE, oncle.

Comment ! il fait aussi des vers ? des vers, hélas !

DORMEUIL.

Il fait bien pis, monsieur.

FLORVILLE, oncle.

Quoi donc ?

DORMEUIL.

Des opéras !

FLORVILLE, oncle.

Je saurai l'empêcher avant peu je l'espère.

DERNANCE.

Et cher oncle, c'est vous qui m'allez au contraire,
Ici même, fournir caractère et sujet.

FLORVILLE, oncle.

Quoi ! de nous mettre en scène il aurait le projet ?

DERNANCE.

Là, sous mon œil perçant tombe un huissier avide,
Aux mains pleines toujours, à l'esprit toujours vide !

J'en saisis à-la-fois, le langage, le ton,
Et mon premier huissier aura nom Tenant-Bon!

TENANT-BON (*tirant son cornet.*)

De ce coup-ci, verbal!

DERNANCE (*à Florville, oncle.*)

Pour l'homme de génie,
Dans ce tableau-là seul observez, je vous prie,
Quelle variété de genre et d'intérêts.
(*Montrant Valcour.*)
Nous, c'est le goût des arts et des nobles succès!
(*Montrant les recors.*) (*A Lucile.*)
Eux, celui de l'argent! Vous, naïveté pure!
(*A Eliza.*) (*A Tenant-Bon.*)
Madame, esprit, beauté! Lui, la caricature!
(*A Dormeuil.*)
Vous, un père abusé qui ne sait point encor
Jusqu'où peut nous conduire un poétique essor!
Pour mon oncle!....

FLORVILLE, oncle.

Ah! coquin, j'en suis aussi! courage!

TENANT-BON.

Allons, monsieur, marchons sans tarder davantage.

DERNANCE (*à Florville, oncle, d'un ton caressant.*)

Quoi! vous me livreriez à monsieur Tenant-Bon?

FLORVILLE, oncle (*sèchement.*)

Prends Eliza pour femme, ou marche à la prison.

DERNANCE (*avec impatience.*)

Monsieur l'huissier!....

TENANT-BON.

Ma somme! ou sinon, j'ai sentence!

DERNANCE (*de même.*)

Lucile!....

LUCILE (*lui tournant le dos.*)

Dès ce jour, montrer tant d'inconstance!

DERNANCE (*de même.*)

Mon cher oncle, observez!....

FLORVILLE, oncle (*lui tournant le dos.*)

Fais comme tu pourras !

DERNANCE.

Mais au moins, cher Valcour !....

VALCOUR (*se frottant les mains.*)

Tu veux des embarras !

DERNANCE (*à Dormeuil.*)

Monsieur, veuillez m'entendre !

DORMEUIL (*prenant Lucile par la main et l'emmenant.*)

Allons, venez Lucile,

J'ai pour vous un époux qui vaudra bien Florville !

FINAL.

DERNANCE (*retenant Dormeuil.*)

Un époux! arrêtez, je ne suis plus Florville !
Je suis Dernance !

TOUS.

Oh ! ciel !

DERNANCE (*à Florville, oncle.*)

Je vous en fais l'aveu,
Cher oncle, je ne fus jamais votre neveu !

TOUS.

Que dit-il ?

TENANT-BON.

Détour inutile !

DERNANCE (*à madame Jacmin.*)

Madame, à l'instant s'il vous plaît,
Faites monter vos gens pour attester le fait.

TOUS.

Comment ce n'est pas là Florville !

DERNANCE.

Je perds ce que j'aimais, je ne suis plus Florville !

VALCOUR (*à Tenant-Bon.*)

Prenez garde, il est bien habile !

SCÈNE XXII.

Les mêmes, LES VALETS.

DORMEUIL (*aux valets.*)

Dites, monsieur est-il Florville ?

CHŒUR.

Oui, monsieur, monsieur est Florville.

DERNANCE.

Comment, marauds, je suis Florville ?

CHŒUR.

Oui, monsieur, vous êtes Florville.

DERNANCE (*riant à part.*)

Oh ! mon argent ! Oh ! mon argent !

VALCOUR.

Dites toujours qu'il est Florville.

DERNANCE.

Ma foi, le tour est excellent !

VALCOUR (*donnant sa bourse aux valets.*)

Allons, mes chœurs, en mouvement !
Dites bien tous qu'il est Florville.

CHŒUR.

Oui, c'est Florville, c'est Florville !
Il en aura pour son argent.

TENANT-BON.

Vous voilà confondu !

DERNANCE.

Je serai donc Florville ;
Désabuser Dormeuil sera toujours facile !
Pour faire payer l'oncle et sauver la pupille,
Allons, résignons-nous et marchons en prison.

VALCOUR.

Pour toi c'est un autre Hélicon.

FLORVILLE, oncle.

Si tu n'épouses la pupille,
Je vais encore être en procès.

TENANT-BON.

Pour un musicien, on m'attend au Palais;
Du poëte à l'instant terminons donc l'affaire.

(*A Dernance.*)

Payez-vous ?

DERNANCE.

Non !

(*à Florville, oncle.*)

Payez-vous ?

FLORVILLE, oncle.

Non !

TENANT-BON.

Alors c'est un homme en prison !

VALCOUR (*bas.*)

Tenez bon, monsieur Tenant-bon !

FLORVILLE, oncle.

Plutôt que de signer, fripon,
Tu souffres....

DERNANCE.

La bonne colère !

FLORVILLE, oncle.

Je te prive de tout mon bien !

DERNANCE.

C'est ça !

FLORVILLE, oncle.

De moi tu n'auras rien !

DERNANCE.

Quelle éloquence naturelle !

FLORVILLE, oncle.

Et je te renonce à jamais !

DERNANCE.

Par ma foi la scène est trop belle,
Je veux l'écrire sans délai.

(*Il tire de sa poche des tablettes, et se prépare à écrire.*)

Poursuivez !....

FLORVILLE, oncle (*allant à lui.*)

Que prétends-tu faire ?
Traitre ! coquin !

DERNANCE.

Bien ! c'est cela !
Encore un mot, mon oncle, et le vers y sera.

FLORVILLE, oncle.

Traitre ! fripon ! coquin ! perfide !

DERNANCE (*écrivant.*)

Il gronde en vers, oui, c'est cela !

FLORVILLE, oncle.

Si j'écoutais le courroux qui me guide.

DERNANCE.

Peut-on gronder mieux que cela ?

VALCOUR (*écrivant de son côté.*)

Par ma foi la scène est comique !

DERNANCE (*à Valcour.*)

Mon cher ami, que fais-tu là ?

VALCOUR.

Je mets sa colère en musique.
(*A Florville.*)
Un peu plus fort !

FLORVILLE, oncle (*en colère.*)

D'honneur, j'enrage !

VALCOUR (*à Florville.*)

Quel port de voix ! allons, courage !
Ut, si, la tierce, c'est cela.
Tachez d'aller jusqu'au la.

FLORVILLE, oncle (*en colère.*)

Monsieur, monsieur !

VALCOUR.

C'est cela, c'est cela !
Quel final pour notre opéra !

LES RECORS (*s'avançant.*)

Allons, marchons.

VALCOUR.

C'est cela, c'est cela,
Plus fort les chœurs.

LUCILE (*à part.*)

Pour lui, je tremble.

CHŒUR.

Marchons, marchons.

VALCOUR.

Ah ! quel ensemble !

TENANT-BON.

Marche en prison, marche en prison !

VALCOUR (*imitant la voix de chaque personnage, et écrivant toujours.*)

L'huissier nazard, marche en prison.

LUCILE.

Comment ! il irait tout de bon.

VALCOUR.

Lucile, il irait tout de bon !

LES RECORS.

Allons, vîte, marche en prison !

VALCOUR.

Chacun sur un différent ton.
Ah ! quel ensemble ! bon, bon, bon !

DERNANCE.

Viens à mon secours, Apollon ;
Pour toi seul je marche en prison !

ELIZA.

A l'espérance je me livre.

LUCILE.

A la crainte mon cœur se livre.

FLORVILLE, oncle.

A la justice, je te livre.

Mme. JACMIN.

Jusqu'au guichet je veux le suivre.

CHŒUR.

Allons, monsieur, marche en prison.

DERNANCE.

(*A Éliza.*)
Pour vous j'en fais le sacrifice.
(*A Dormeuil.*)
Bientôt vous me rendrez justice.

LES RECORS.

Marche en prison, marche en prison !

VALCOUR (*s'éventant avec son mouchoir.*)

C'est à moi qu'il doit la prison !

LES VALETS.

Son argent lui vaut la prison !

LES RECORS.

Marche en prison, marche en prison !

Tous sortent par différens côtés: Dormeuil rentre chez lui avec Lucile; Éliza rentre chez son tuteur; le grouppe de Recors emmène Dernance; Florville oncle, Valcour, Tenant-Bon et madame Jacmin le suivent; les Valets d'auberge sortent les derniers en comptant l'argent que Valcour leur a donné pendant le morceau d'ensemble.

FIN DU SECOND ACTE.

ACTE III.

SCÈNE PREMIÈRE.

LUCILE (*seule, sortant de chez Dormeuil.*)

Aurait-on soupçonné qu'il fût sitôt parjure ?
Mais je saurai venger une pareille injure,
Il m'aimait pour toujours ! je croyais ses sermens.
Eh ! bien, ce toujours-là n'a pas duré longtems !

SCÈNE II.

LUCILE, DORMEUIL.

DORMEUIL.

Comment ! ma chère enfant, tu t'affliges encore ?

LUCILE.

Non, certe !.... Il dit pourtant que c'est moi qu'il adore.

DORMEUIL.

Cesse donc d'y songer.

LUCILE.

Oh ! c'est bien mon projet.
Attendez que je l'aie oublié tout-à-fait ;
Vous verrez si j'y songe. En attendant, mon père,
Je veux le détester. Oh ! j'ai du caractère !....
Si nous allions sur lui cependant nous tromper ?

DORMEUIL.

Va, j'ai toujours bien vu qu'il voulait m'attrapper.
Il croyait voir un père en moi, je le parie,
Tel qu'ils ont toujours soin d'en faire en comédie,
Pour les rendre à leur gré, dupes plus aisément
Des pièges d'un valet ou des tours d'un amant :
Mais qu'il ne pense pas qu'à ce point on m'abuse ;

Et quand j'aurais été la dupe de sa ruse,
Te donnerais-je un fou qui fait des opéra ?

LUCILE.

S'il n'avait encore eu du moins que ce tort-là !

DORMEUIL.

C'est parbleu bien assez ! mais de ce mariage,
Je veux qu'un autre hymen bientôt te dédommage.
Reprends donc ta gaîté.

LUCILE (*tristement.*)

La voilà qui revient !

DORMEUIL.

Le vrai Dernance existe, et lui seul te convient.
Grâce au nom supposé qu'avait pris ce Florville,
Pour m'informer de lui, j'ai parcouru la ville.
Par le plus grand hasard un de mes vieux amis
Connaît le vrai Dernance, et sur lui m'a transmis
De tels renseignemens, qu'un père de famille
Ne saurait faire mieux qu'en lui donnant sa fille.
Il veut même en faveur d'un aussi doux lien,
Lui laisser, m'a t-il dit, une part de son bien.
Je vais me dépêcher de voir si cette affaire !....

LUCILE (*le retenant.*)

Oui !.... mais dépêchez-vous tout doucement, mon père !

DORMEUIL.

Pourquoi ?

LUCILE.

Si celui-là n'était pas plus constant
Que l'autre !

DORMEUIL.

Il le sera pour le moins tout autant !
(*A part.*)
Je reviendrai bientôt.... Adieu. Tant que Florville
Est en prison, je puis du moins sortir tranquille.
Heureux, si les huissiers pouvaient toujours à tems,
Nous délivrer ainsi de messieurs les amans. (*Il sort.*)

SCÈNE III.

LUCILE (*seule.*)

Oui, mon père a raison, montrons du caractère !
Mais en vain malgré moi, je veux être en colère ;
Je ne saurais haïr un ingrat malheureux !
On vient, retirons-nous. Pour lui je fais des vœux.
C'est tout simple ! Est-ce amour ou pitié ? je l'ignore ;
Mais il est en prison. Je puis l'aimer encore ! (*Elle rentre.*)

SCÈNE IV.

VALCOUR, Mme. JACMIN.

VALCOUR (*entrant le premier, un cahier de musique à la main.*)

Quel beau final ! Oh ! toi qui me l'as inspiré,
Muse, ce noble essai te sera consacré !
Qui pourrait désormais en voyant cet ouvrage,
Au premier des beaux-arts disputer l'avantage ?
Aux Français un acteur élève seul la voix,
En musique, j'en fais parler trente à-la-fois,
Voilà du naturel ! Eh bien ! ma chère hôtesse,
Il est donc en prison !

Mme. JACMIN.

Tout rempli d'allégresse,
On l'y voyait courir !

VALCOUR.

Pour lui quel heureux sort !

Mme. JACMIN.

Il est sur ma parole entré comme l'on sort.

VALCOUR.

Dans ce paisible lieu, quel chef-d'œuvre il va faire !
Aux auteurs la retraite est toujours salutaire.

Il sera là tranquille, et je veux m'arranger,
Pour que six mois par an, il y puisse loger.

Mme. JACMIN.

Sous les verroux pourtant je crains qu'il ne s'ennuie !

VALCOUR.

On y retient nos pas et non notre génie !
L'ennui ne s'y trouva jamais que pour les sots,
La liberté, pour nous, règne au fond des cachots.
Le Tasse poursuivi par un destin étrange
Fit sa Jérusalem dans le château Saint-Ange,
Et comme lui, j'espère....

Mme. JACMIN.

Il est fort celui-là,
Mettre en prison quelqu'un pour faire un opéra.

VALCOUR.

Eh ! c'est ce qu'il fallait. Son amour pour Lucile,
Le desir de servir Florville et la pupille,
Vont faire à son esprit prendre un nouvel essor.
Il va trouver soudain quelque nouveau ressort ;
Quelque moyen subit, quelque scène hardie,
Une ruse à-la-fois plus neuve et mieux ourdie,
Quelque tour plus adroit, un plan mieux concerté,
L'invention naquit de la nécessité ;
Et jamais Apollon assisté des neuf Muses,
Ne saurait lui fournir d'aussi piquantes ruses,
Que le besoin de fuir dès ce jour la prison,
Dont pour lui j'ai su faire un moderne Hélicon !
Ami, tu me devras le succès de l'ouvrage !
Que ne puis-je pour toi faire encor davantage ?
Nous verrons !

Mme. JACMIN.

Jusqu'à lui pourra-t-on pénétrer ?

VALCOUR.

Vainement son geolier m'empêcherait d'entrer ;
Avant peu, je saurais le rendre plus traitable.
Courez nous préparer un souper délectable ;
Mets choisis, délicats, linge fin, deux couverts ;
Le meilleur vin sur-tout ; dès ce soir sur ses fers,

Je veux qu'à flots pressés le champagne jaillisse ;
Et change sa retraite en un lieu de délice !
Allez, et je saurai vous ouvrir sa prison.
(*Mme. Jacmin sort.*)

SCÈNE V.

VALCOUR (*seul.*)

Un geolier serait-il moins humain que Pluton ?
Pour fléchir sa rigueur, je lui chante romances,
Cavatines, rondeaux, lais, virelais et stances.
J'irai pour m'introduire en ce séjour fatal,
Jusques à lui chanter à moi seul mon final !

AIR :

Invoquant près de lui, la pitié, la nature,
Comme un petit Orphée, à travers la serrure,
Les larmes dans les yeux et la lyre à la main,
Du ton le plus touchant, je lui dirai : coquin !
Spectre, larve, monstre inhumain !

Si l'amant d'une belle,
Vit s'ouvrir autrefois,
La barrière éternelle
Aux accens de sa voix !
Que la geôle cruelle,
Pour moi s'ouvre en ce jour.
L'amitié fera-t-elle
Moins que n'a fait l'amour ?

Guichetier inflexible,
Si jadis d'heureux airs
Ont pu rendre sensible
Le portier des enfers ;
Une fois sur la terre,
Soyez à votre tour,
Aussi bon que Cerbère
Le fut au noir séjour !

Ouvrez au troubadour.

SCÈNE VI.

VALCOUR, Mme. JACMIN.

Mme. JACMIN (*revenant.*)

Me voilà ! tout est prêt !

VALCOUR.

Volons à sa prison.
De ce charmant final mis en partition,
Et d'un joli souper, ce soir, je le régale,
A son goût pour les arts, ma tendresse est égale ;
Comme un autre Pilade allons le lui prouver !
Que vois-je ?

SCÈNE VII.

Mme. JACMIN, VALCOUR, DERNANCE.

DERNANCE (*accourant.*)

Oreste, ami, qui vient te retrouver !

VALCOUR.

Et qui t'a donc déja procuré ta sortie ?

DERNANCE (*gaîment.*)

Serais-je digne d'être un amant de Thalie,
Si vingt moyens brillans de rompre de tels fers,
A mon esprit soudain ne se fussent offerts ?
J'ai dédaigné d'abord tous ces tours ordinaires,
Des prisons de théâtre ornemens trop vulgaires !

VALCOUR (*à Mme. Jacmin.*)

Quand je vous le disais ! — Tous les compositeurs
Devraient faire en prison travailler leurs auteurs !
Repose-toi sur moi ! hâte-toi de me dire
Quel moyen.....

DERNANCE.

Je fais mieux ! et je vais te le lire !
J'ai fait un acte entier.

VALCOUR.

Quoi ! tout entier ?

DERNANCE (*montrant un cahier.*)

Ecrit !....
Et quoiqu'informe encore, voilà mon manuscrit.

VALCOUR.

Et voilà mon final !

DERNANCE.

Ecoute l'aventure !
Assieds-toi là, silence ! et je t'en fais lecture !

VALCOUR.

Veux-tu le verre d'eau ?

DERNANCE.

C'est un musicien
Qui peut me proposer.... N'importe ! écoute bien !

VALCOUR.

Je fais le comité !

DERNANCE.

Ne t'endors pas ! A peine
J'arrive à la prison, dans ma chambre on me mène.
Le jour qu'on y ménage, économiquement
A travers vingt barreaux luit dans l'appartement.
Gaîment je m'établis, et d'un charbon fragile,
Je tapisse les murs de vers à ma Lucile ;
Doux monumens d'amour, tributs consolateurs
Qu'un captif amoureux laisse à ses successeurs !

VALCOUR.

Je veux d'un air charmant orner ce monologue !

DERNANCE.

Scène deux !... J'en ai fait même le dialogue.
Dans mon obscur réduit, mon oncle entre en grondant,
Il entre comme un oncle, et m'offre sur-le-champ
De payer, si je veux épouser la pupille ;
Je soutiens qu'on m'a pris faussement pour Florville,
Vois d'abord le tableau : mon oncle ici, l'huissier

(*A Mme. Jacmin.*)

De ce côté, moi là ; vous êtes le geolier !

VALCOUR.

Vrai tableau d'opéra !

DERNANCE (*gaîment*).

D'un air plein d'assurance,
Je montre les papiers où j'ai pour nom Dernance.
Un greffier, qui jadis de mes biens eut sa part,
Des amis, qui pour dette étaient là par hasard,
Attestent la méprise ; à l'huissier imbécille,
Qui veut absolument qu'on lui trouve un Florville,
J'offre notre Manceau. L'oncle jure et prétend
Que du Mans par le coche, il arrive à l'instant.
Son passeport portait Charles-Firmin Florville,
Il le montre ; l'huissier observe en homme habile,
Que son arrêt aussi porte Charle-Firmin ;
Messieurs, il a mes noms, car je suis son parrain,
Répond l'oncle en fureur. L'huissier reprend, n'importe !
Contre le débiteur l'arrêt qu'ici je porte,
Ne dit pas s'il est oncle ou s'il n'est que neveu ;
Florville est votre nom de votre propre aveu,
Je vous tiens, je vous prends !.... alors c'est un tapage !...
En musique pour toi, j'ai tracé ce passage.
Bref, comme il était tard, notre huissier prudemment
Remet au lendemain tout éclaircissement :
L'oncle est coffré, muré ; qu'il tempête, qu'il peste,
Il faudra maintenant qu'il paie, ou qu'il y reste.

(*D'un ton demi-tragique.*)

Qu'en dis-tu ?

VALCOUR.

Nous mettrons l'aventure à profit.

DERNANCE (*avec un sérieux plaisant.*)

En attendant, mon cher, reçois ce manuscrit !
Je remets en tes mains ma fortune et ma gloire ;
Songe qu'allant ensemble au temple de mémoire,
Si l'un des deux fléchit, l'autre fait un faux pas ;
Soutiens-moi, cher ami, mais ne m'entraîne pas !

VALCOUR (*prenant le manuscrit.*)

Aux endroits dangereux je ferai du tapage.

DERNANCE.

Que ta musique seule accompagne l'ouvrage !

Mme. JACMIN.

Que faire du souper que je viens d'apprêter ?

DERNANCE.

A notre cher Manceau, vîte, allez le porter,
Que le vin soit parfait, que la chère en soit fine !

(*Mme. Jacmin sort.*)

VALCOUR (*à Dernance.*)

Ne vaudrait-il pas mieux le prendre par famine ?

SCÈNE VIII.

VALCOUR, DERNANCE, FLORVILLE, neveu.

FLORVILLE, neveu (*entrouvrant la porte du fond.*)

Monsieur Florville !

VALCOUR (*à Dernance.*)

Eh ! mais, on t'appelle, je croi?

DERNANCE.

Ah ! j'oubliais mon nom ! qui m'appelle ?

FLORVILLE, neveu (*entrant.*)

C'est moi !

DERNANCE (*à Valcour.*)

(*A Florville, neveu.*)

C'est Florville !.... Entrez donc !

FLORVILLE, neveu.

Je reviens pour vous dire
Que j'oubliai, je crois, tantôt de vous instruire
Que j'attends en ces lieux quelqu'un pour un cartel.

DERNANCE.

Mais vous ne m'avez point parlé de ce duel,
Il me revient de droit ! J'aurais pris l'adversaire
Comme j'ai pris l'huissier, votre oncle, sa colère....

FLORVILLE, neveu.

Qu'entens-je? quoi! déja mon oncle est arrivé?

DERNANCE.

Oui!

FLORVILLE, neveu.

Dieux, il est ici!

DERNANCE.

Non, pour lui j'ai trouvé
L'hôtel un peu mesquin, la maison mal servie,
Et je l'ai mis....

FLORVILLE, neveu.

Où donc?

DERNANCE.

A Sainte-Pélagie!

FLORVILLE, neveu.

Que dites-vous, monsieur?

DERNANCE.

Il ne peut être mieux!
Les portes ferment bien! le geolier est soigneux!
Je l'ai recommandé! craignez peu qu'il s'ennuie;
J'ai vu là mille gens de bonne compagnie,
Qu'on y mit seulement pour avoir oublié
Que tel jour un effet devait être payé;
Des gens très comme il faut, qui font grand bruit, des dettes,
Brillent par intervalle, ainsi que les comètes,
Que l'on voit tour-à-tour, un soir dans un salon,
Le second jour au bois, le troisième en prison;
Qui se trouvent si bien dans ce modeste asile,
Qu'ils n'ont absolument qu'un pied-a-terre en ville,
Et pour y revenir plus vite, tout exprès,
De leurs dettes, dit-on, ne s'acquittent jamais!

FLORVILLE, neveu.

Mais comment se fait-il que mon oncle?....

DERNANCE.

Fidèle
A mes engagemens, et par ce noble zèle
Espérant attendrir notre Manceau; pour vous
Je me suis fait d'abord mettre sous les verroux!

L'oncle de son arrêt ne voulant pas démordre,
J'ai sur-le-champ passé vos dettes à son ordre ;
Le voilà, grâce à moi, bien calfeutré, bien clos ;
J'ai fait mettre en prison le plus fin des Manceaux !

FLORVILLE, neveu.

Je cours le délivrer sans tarder davantage.

DERNANCE.

Que faites-vous ?

FLORVILLE, neveu.

Souffrir qu'à ce point on l'outrage,
Songez que c'est mon oncle !

DERNANCE.

A présent, c'est le mien,
Vous me l'avez cédé, n'y prétendez plus rien.

FLORVILLE, neveu.

Je laisserais traiter mon oncle de la sorte ?

VALCOUR.

Notre opéra, monsieur, ne permet pas qu'il sorte,
Sans payer ! tout alors pourra se réparer,
Et d'un oncle qui paie on peut tout espérer !

FLORVILLE, oncle (*en dehors.*)

Ah ! traître de neveu !

DERNANCE.

Le voici, quel tapage !

FLORVILLE, neveu.

Je m'enfuis.

DERNANCE (*le faisant entrer n°. 10.*)

Arrêtez ! ne perdez pas courage,
Entrez dans cette chambre, et vous n'en sortirez
Que tout-à-fait heureux, ou vous y resterez !

FLORVILLE, neveu (*entrant dans la chambre.*)

Je m'abandonne à vous !

SCÈNE IX.

DERNANCE, VALCOUR, FLORVILLE, oncle.

FLORVILLE, oncle (*entrant par le fond.*)

Quel tour abominable !
Ce Paris pour un oncle est un lieu détestable.
Jusqu'à me renier, pousser la trahison !
(*A la cantonade.*)
Je ne t'oublierai pas, va, monsieur Tenant-Bon !
(*A Dernance.*)
Ah ! traître ! de son oncle est-ce ainsi qu'on se joue ?

DERNANCE.

Le tour est assez gai, cher oncle, je l'avoue....

FLORVILLE, oncle.

Me livrer aux huissiers !

DERNANCE.

Pour sortir de ce pas,
Vous me disiez tantôt, fais comme tu pourras ;
J'ai fait ce que j'ai pu ! chacun a sa ressource,
Nous, celle de l'esprit, vous celle de la bourse ;
Chez les fils d'Apollon dans plus d'un cas urgent :
Cher oncle, c'est l'esprit qui remplace l'argent !

FLORVILLE, oncle.

Traître ! qui l'aurait cru ? Funeste destinée !
Deux mille écus comptant ma première journée,
Dans ce maudit Paris !

DERNANCE (*riant.*)

C'est magnifiquement
Payer sa bien-venue !

FLORVILLE, oncle.

Ah ! tu ris !

DERNANCE.

Prudemment
Vous avez donc payé ?

FLORVILLE, oncle.

Sans cela le concierge
Me gardait en prison ! Dans une telle auberge,
En arrivant hélas ! aller passer la nuit !
D'une telle aventure au Mans qu'aurait-on dit?

VALCOUR (*à Florville neveu, entrouvrant la porte du n°. 10, qu'il referme aussitôt.*)

Le cher oncle a payé !

FLORVILLE, oncle.

Mais par reconnaissance,
De solder ton huissier, si j'eus la complaisance,
Abjure un vain travers ; en dépit d'Apollon,
Quoi ! traître ! un officier rimer !

DERNANCE.

Eh ! pourquoi non ?
Frédéric entraîné dans la plus noble lutte,
Au camp faisait des vers.

VALCOUR (*vivement.*)

Et jouait de la flûte !

FLORVILLE, oncle.

Eh bien ! rimaille donc, on t'en corrigera,
Et pour cela j'attends ton premier opéra.
Mais accepte du moins celle que je te donne,
C'est à ce prix-là seul, monsieur, que je pardonne ;
Il s'agit d'un procès, il y va de mon bien,
Je te le dis tout bas, ma cause ne vaut rien !

VALCOUR (*vivement.*)

Eh ! monsieur, s'il accepte il perdra la pupille,
Combien il tient de vous ce cher neveu Florville !
Par générosité, sachez qu'il a, monsieur,
Préféré s'exposer à toute votre humeur !

FLORVILLE, oncle.

Passons.

VALCOUR.

A vos sermons !

FLORVILLE, oncle.

Bien !

VALCOUR.

A votre colère !
A vos emportemens plutôt que de vous faire
Un aveu..... qui devait..... enfin, soyez discret ;
Sa future est.....

FLORVILLE, oncle.

Quoi donc ?

VALCOUR.

Mariée en secret !

FLORVILLE, oncle.

En secret ?

VALCOUR.

Oui, monsieur !.... Cachez bien, ce mystère !
N'en dites mot sur-tout au tuteur !

FLORVILLE, oncle.

Au contraire !
Apprenez qu'un dédit devait être acquitté
Par celui qui romprait le premier le traité !
Je cours chez Bonneval, l'acte est devant notaire.

DERNANCE (*le ramenant avec sang-froid.*)

Vous ne toucherez point cette somme !

FLORVILLE, oncle.

J'espère
La toucher dès ce jour.

DERNANCE (*froidement.*)

Vous ne le pourrez pas.

FLORVILLE, oncle (*se fâchant.*)

Et c'est peut-être toi qui m'en empêcheras ?

DERNANCE.

Oui, mon oncle !

FLORVILLE.

Et comment ?

DERNANCE.

Il vous sera facile
D'instruire le tuteur des nœuds que la pupille
A formés.... Mais je crains qu'il n'aille au même instant
Vous dire que Florville en a fait tout autant.

FLORVILLE, oncle.

Comment vous auriez fait un secret mariage ?

DERNANCE (*gaîment.*)

N'est-il pas très-piquant que l'hymen nous engage
Tous deux séparément !

FLORVILLE, oncle.

Quoi me faire payer,
Et de plus en secret, monsieur, vous marier !

FLORVILLE, neveu (*à part, ouvrant sa porte.*)

Ecoutons !

LUCILE (*de même.*)

Ecoutons !

VALCOUR.

Le fait est véritable !

FLORVILLE, oncle (*en colère.*)

Mon neveu marié !

DERNANCE.

Oui, mais s'il fut coupable,
Si le ciel qui toujours règle nos sentimens,
Fait naître dans les cœurs d'invincibles penchans ;
Pour réparer nos torts et notre extravagance,
Dans le cœur des parens, il a mis l'indulgence,
Et pour nous ramener, il vous a fait le don
Du plus beau de ses droits, c'est celui du pardon !

FLORVILLE, oncle.

Rien ne me fléchira ; monsieur, ce mariage
Est nul, tout-à-fait nul ! Sans tarder davantage
Je le fais casser !

FLORVILLE, neveu (*à part.*)

Ciel !

VALCOUR.

Vous ne le ferez pas,
Vous avez trop bon cœur !

FLORVILLE, oncle (*sortant.*)

J'y cours tout de ce pas.

DERNANCE (*le ramenant.*)

Non, et vous calmerez bientôt votre vengeance,
Quand deux petites mains jointes par l'innocence !....

LUCILE (*à part, de sa porte.*)

Ah! grands Dieux!

FLORVILLE, oncle (*avec surprise.*)

Un neveu déja?

DERNANCE.

Que direz-vous,
Quand vous en verrez deux, là, sur vos deux genoux?

LUCILE (*fermant brusquement sa porte, et disparaissant.*)

Rentrons!

FLORVILLE, oncle.

Quoi! deux neveux?

DERNANCE.

Plus prudent et plus sage,
Si j'avais attendu pour faire un mariage
Jusqu'à ce moment-ci, peut-être de longtems
Vous n'eussiez pu goûter leurs doux embrassemens;
Grâces à mon erreur, votre heureuse vieillesse
Va déja les trouver formés pour la tendresse.

VALCOUR (*bas à Dernance.*)

Tu ne sais si Florville a même un seul enfant!

DERNANCE (*à Valcour.*)

(*A Florville, oncle.*)
Licence poétique! A ce tableau touchant
De deux petits neveux, vous céderez, j'espère!

FLORVILLE, neveu (*à part.*)

Après deux mois d'hymen, il me fait déja père!

FINAL.

FLORVILLE, oncle.

Mais, mon cher, deux neveux?... Ton retour, à propos,
Ne date pas d'un an!

DERNANCE.

(*A part.*) (*A Florville, oncle.*)
Ah diable! Ils sont jumeaux!

FLORVILLE, oncle.

C'est fort bien! mais enfin quelle est donc votre femme?

DERNANCE.

Ma femme cher oncle !.... ma femme !
(*Bas à Valcour.*)
Juge de mon embarras,
Je ne connais pas ma femme !

VALCOUR (*bas à Florville, neveu.*)
Parlez, quelle est votre femme ?

FLORVILLE, neveu (*bas à Valcour.*)
Ma femme a beaucoup d'appas !

VALCOUR (*bas à Dernance.*)
Sa femme a beaucoup d'appas !

DERNANCE (*à Florville, oncle.*)
Ce cher objet de ma flamme,
Cher oncle, a beaucoup d'appas !

FLORVILLE, oncle.
Que m'importent ses appas ?

VALCOUR (*à Florville, neveu.*)
Il se moque des appas !

FLORVILLE, neveu (*bas à Valcour.*)
Son esprit est fait pour plaire.

VALCOUR (*bas à Dernance.*)
Son esprit est fait pour plaire !

DERNANCE (*à Florville, oncle.*)
Son esprit est fait pour plaire !

FLORVILLE, oncle.
Et que m'importe l'esprit ?

FLORVILLE, neveu (*bas à Valcour.*)
Sa bonté charme et séduit.

VALCOUR (*bas à Dernance.*)
Sa bonté charme et séduit.

DERNANCE (*à Florville, oncle.*)
Sa bonté charme et séduit.

FLORVILLE, oncle.
La bonté c'est votre affaire !

FLORVILLE, neveu (*bas à Valcour.*)
Elle aura beaucoup d'argent.

VALCOUR (*bas à Dernance.*)

Elle aura beaucoup d'argent.

DERNANCE (*à Florville, oncle.*)

Elle aura beaucoup d'argent !

FLORVILLE, oncle.

Pour l'argent c'est différent.

DERNANCE (*à part.*)

Ah ! quel trait de caractère.

FLORVILLE, oncle.

Quel est son nom maintenant ?

VALCOUR (*à Florville, neveu.*)

Quel est son nom maintenant ?

FLORVILLE, neveu (*bas à Valcour.*)

Ah que je crains sa colère,
C'est Eliza Bonneval !

VALCOUR (*bas à Dernance.*)

C'est Eliza Bonneval !

DERNANCE (*bas à Valcour.*)

Ciel ! Eliza Bonneval !

FLORVILLE, neveu (*à part.*)

Voilà le moment fatal !

DERNANCE (*à part, à Valcour.*)

Ah, mon ami, la pupille
Est la femme de Florville !

VALCOUR.

Serait-il vrai, la pupille
Est la femme de Florville ?

DERNANCE (*transporté.*)

Quel heureux événement !

VALCOUR.

Ah pour nous quel dénouement !

DERNANCE.

Il faut de l'intelligence !

VALCOUR.

Sauvons la reconnaissance !

DERNANCE.

Nous tenons le dénouement !

VALCOUR (*à Dernance.*)

Je cours prévenir la belle,
Et je reviens avec elle,
Achever le dénouement !

DERNANCE (*à Valcour.*)

Cours prévenir cette belle,
Et reviens vite avec elle,
Achever le dénouement !

ENSEMBLE.

FLORVILLE, neveu (*à part.*)

De ses soins et de son zèle
Attendons le dénouement !

FLORVILLE, oncle (*à part menaçant Dernance.*)

Va je te la garde belle,
De ton intrigue nouvelle
Tu verras le dénouement !

(*Valcour sort, et va chez Eliza.*

SCÈNE X.

FLORVILLE, oncle, DERNANCE, FLORVILLE, neveu, *toujours dans le cabinet.*

FLORVILLE, oncle (*à Dernance.*)

Quelle est enfin votre femme?

DERNANCE (*gaîment.*)

Ce doux objet de ma flamme
Est celui de votre choix !
Oui, la pupille est ma femme !

FLORVILLE, neveu (*à part.*)

C'est à peine si j'y crois !
Celle que je pris pour femme,
Etait l'objet de son choix !

FLORVILLE, oncle (*à Dernance.*)

Quoi la pupille est ta femme,
C'est à peine si j'y crois !
Dans mes bras que je te presse !

DERNANCE.

Modérez votre tendresse,
Mais ouvrez toujours vos bras !
(Il va au cabinet où est Florville, neveu.)

FLORVILLE, oncle *(à part.)*

D'honneur, je ne conçois pas !

DERNANCE *(amenant Florville, neveu.)*

Votre oncle vous a fait grâce,
Allez, volez dans ses bras !

FLORVILLE, neveu.

Cher oncle ! ah, que je l'embrasse !

FLORVILLE, oncle.

Messieurs, je ne conçois pas !

DERNANCE.

Dans votre cœur, dans vos bras,
Souffrez qu'il prenne ma place !

FLORVILLE, oncle.

Quoi Florville est dans mes bras ?

DERNANCE *et* FLORVILLE, neveu.

Oui Florville est dans vos bras !

FLORVILLE, oncle.

Quoi c'est bien mon neveu, qu'enfin je vois paraître ?

FLORVILLE, neveu *(se jetant à ses pieds.)*

A son respect pour vous, daignez le reconnaître !

FLORVILLE, oncle.

C'est donc bien celui-là ?

DERNANCE.

Consultez le portrait !

FLORVILLE, oncle.

Oui, c'est lui, c'est lui trait pour trait !

FLORVILLE, neveu.

Pour vous fléchir, monsieur me remplaçait !

FLORVILLE, oncle.

Mais comment se fait-il ?

FLORVILLE, neveu.

Jusqu'ici, la pupille

Ignorait qu'en ces lieux, j'avais mon domicile !
Vous étiez en procès ; sous le nom de Derbon,
En secret j'ai formé cette heureuse union !

FLORVILLE, oncle.

Je conçois !

FLORVILLE, neveu (*à Dernance.*)

Vous rendez le bonheur à mon ame !

SCÈNE XI.

FLORVILLE, oncle, FLORVILLE, neveu, DERNANCE, ELIZA.

DERNANCE (*prenant Eliza par la main, et la présentant à Florville, neveu.*)

Des mains de l'amitié, recevez votre femme !
(*A Eliza.*)
Venez d'un oncle embrasser les genoux !

ELIZA.

(*A Florville, oncle.*)

Ah ! Florville !.... Ah ! monsieur, nous pardonnerez-vous ?

FLORVILLE, oncle.

Venez là sur mon cœur, oublier tant d'allarmes !

ELIZA *et* FLORVILLE, neveu.

Vos bontés de nos cœurs ont banni les allarmes !

DERNANCE (*à part*).

Qu'un si touchant tableau, pour mon cœur a de charmes !
Mais si j'ai fait votre bonheur,
Joignez vous tous à moi, pour fléchir la rigueur
D'un père !.... Le voici justement qui s'avance !

SCÈNE XIIe. *et dernière.*

Les mêmes, VALCOUR, DORMEUIL, Mme. JACMIN. (*Elle va à la porte de Lucile et l'amène.*)

VALCOUR (*en entrant à Dormeuil.*)

Oui, monsieur, c'est bien lui !

DORMEUIL.

Quoi c'est le vrai Dernance ?

Mme JACMIN (*à Lucile.*)

Venez donc !

LUCILE (*à part.*)

Son aspect augmente ma douleur !

ENSEMBLE.

LUCILE.

Mais quel est ce mystère ?
Je les vois tous heureux !
Le bonheur au contraire
A trompé tous mes vœux !

ELIZA *et* FLORVILLE, neveu.

Quel est donc ce mystère ?
Mais nos cœurs sont heureux,
Ce moment va j'espère,
Couronner tous nos vœux !

Mme. JACMIN.

Il n'est plus de mystère !
Je les vois tous heureux !
Et cesser de me taire,
Va combler tous mes vœux !

FLORVILLE, oncle.

Quel est donc ce mystère ?
Mais je les vois heureux,
Ce moment va j'espère
Couronner tous nos vœux !

VALCOUR *et* DERNANCE (*à Dormeuil.*)

Vous saurez le mystère,
Quand {je fais / il fait} des heureux,
Vous allez je l'espère,
Couronner tous {nos / ses} vœux !

DORMEUIL.

Je conçois le mystère !
Quand on fait des heureux,
On doit voir par un père,
Couronner tous ses vœux.

FLORVILLE, neveu.

Quoi, lorsqu'au désespoir s'abandonnait mon ame,
Mon oncle me voulait marier à ma femme!

ELIZA.

Et moi qui faisais tout pour rompre ce lien!

DORMEUIL.

Eh! quoi? c'est là celui dont on dit tant de bien?
Viens, ma Lucile, viens! avec le vrai Dernance,
Je prétends qu'à l'instant tu fasses connaissance.

LUCILE (*regardant Dernanoe avec dépit.*)

Bien volontiers, mon père. Oh! je me vengerai!

DERNANCE.

Et vous l'épouserez?

LUCILE (*de même.*)

Oui, je l'épouserai!

DERNANCE.

Recevez donc sa foi, sa main et sa tendresse!

LUCILE.

Que dit-il à présent?

DERNANCE.

Qu'enfin votre erreur cesse,
Voilà Florville, et moi quand j'empruntais son nom,
Quand on m'a vu gaîment voler vers la prison;
C'était pour y chercher le sujet d'un ouvrage
Qui puisse de monsieur m'obtenir le suffrage,
M'attirer son estime, et mériter un jour,
De voir enfin par lui couronner mon amour!

DORMEUIL.

Alors qu'un noble zèle à ce point nous entraîne,
De quelqu'heureux essai l'on doit orner la scène.

ELIZA.

Mais qui donc est monsieur, dont les soins délicats?....

FLORVILLE, neveu.

Monsieur est un ami.... que je ne connais pas !

FLORVILLE, oncle.

Un prétendu neveu, qui m'a fait par tendresse,
Payer deux mille écus le sujet de sa pièce !

DERNANCE (*à Florville, neveu.*)

J'ai gardé votre nom, tant qu'il fut dangereux,
Je vous le rends, monsieur, puisqu'il devient heureux.
Je vous l'avais promis ! de votre homme d'affaires
Êtes-vous satisfait ?

FLORVILLE, neveu.

A jamais soyons frères !

LUCILE (*à Dormeuil.*)

Mon père, vous vouliez que le plus doux lien !....

DORMEUIL.

Je ne m'en dédis pas !

VALCOUR (*à Dernance.*)

Mon ami, c'est fort bien !
Une femme aujourd'hui sera ta récompense !
Mais j'ai bien mérité la mienne aussi, je pense,
Tu me dois ton sujet !

DERNANCE.

C'est trop juste, il aura
Bientôt, grâce à vous tous !

TOUS.

Quoi donc ?

DERNANCE.

Son opéra !

CHŒUR FINAL.

FLORVILLE, oncle.

Et mes petits-neveux ?

FLORVILLE, neveu.

Ils viendront, patience !

DERNANCE *et* VALCOUR.

Nous tenons notre dénouement,
Et leur bonheur en ce moment,
Est ma plus douce récompense !

TOUS.

Que le bonheur en ce moment,
Soit leur plus douce récompense !

FIN.

IMPRIMERIE DE H. PERRONNEAU.

www.ingramcontent.com/pod-product-compliance
Ingram Content Group UK Ltd.
Pitfield, Milton Keynes, MK11 3LW, UK
UKHW021100260726
13994UKWH00002B/612

9 782329 462752